輝ける島へ

佐渡・世界遺産の行方

前　編

巻頭特集

先人の偉業 今に伝える

まばゆい輝きを放つ黄金を求め、佐渡島の先人たちは400年以上も前から汗を流し、知恵を絞り続けた。江戸時代、人の力のみで鉱石を掘り、山を真っ二つにまでした「道遊《どうゆう》の割戸《わりと》」は、まさに佐渡金山のシンボルだ。1730年ごろから佐渡奉行所の絵図師らは、採掘や製錬、小判造りの工程を絵巻に描いて記録するようになった。鉱山の専門知識を持たない佐渡奉行らに、作業を分かりやすく説明するためだ。県立歴史博物館などによると、幅は25～40センチほど、長さは約30メートルに及ぶものもある。こうした史料は、人類の鉱山史を解き明かす重要な手がかりとして、国内外で高く評価された。

道遊の割戸　江戸期から続く名所

佐渡金山のシンボルとして知られる「道遊の割戸」。地表に出ている鉱石を掘る「露頭掘《ろとうぼ》り」の跡としては日本最大規模で、二つに割れた山の姿が威容を誇る。しかし、金山開発の最初期に採掘されたため、掘られる前の様子や山が割れる過程、名前の由来などを詳しく記した史料は見つかっていない。不思議な風景の謎を、数少ない手がかりから探った。

「１６９０年代には、もう今のような割戸になっていたと考えられる」と佐渡市世界遺産推進課の宇佐美亮・課長補佐（47）は語る。

露頭掘りによって割れ目ができた場所を「割戸」と呼ぶ。割れ目の幅は最大約30メートル、深さ74メートル。１６００年ごろから開発が始まったと伝わる。佐渡の鉱脈は地表に近いほど金が多く含まれるため、地表から掘る方法は効率が良かった。たがねやつちを使って鉱石を砕き、下に落として集めていたと考えられる。「鉱脈以外の周辺部も崩すと、不要な石の運搬にお金も人手もかかる」と宇佐美課長補佐。切り立った割戸はコスト削減のために生まれた景色だったようだ。

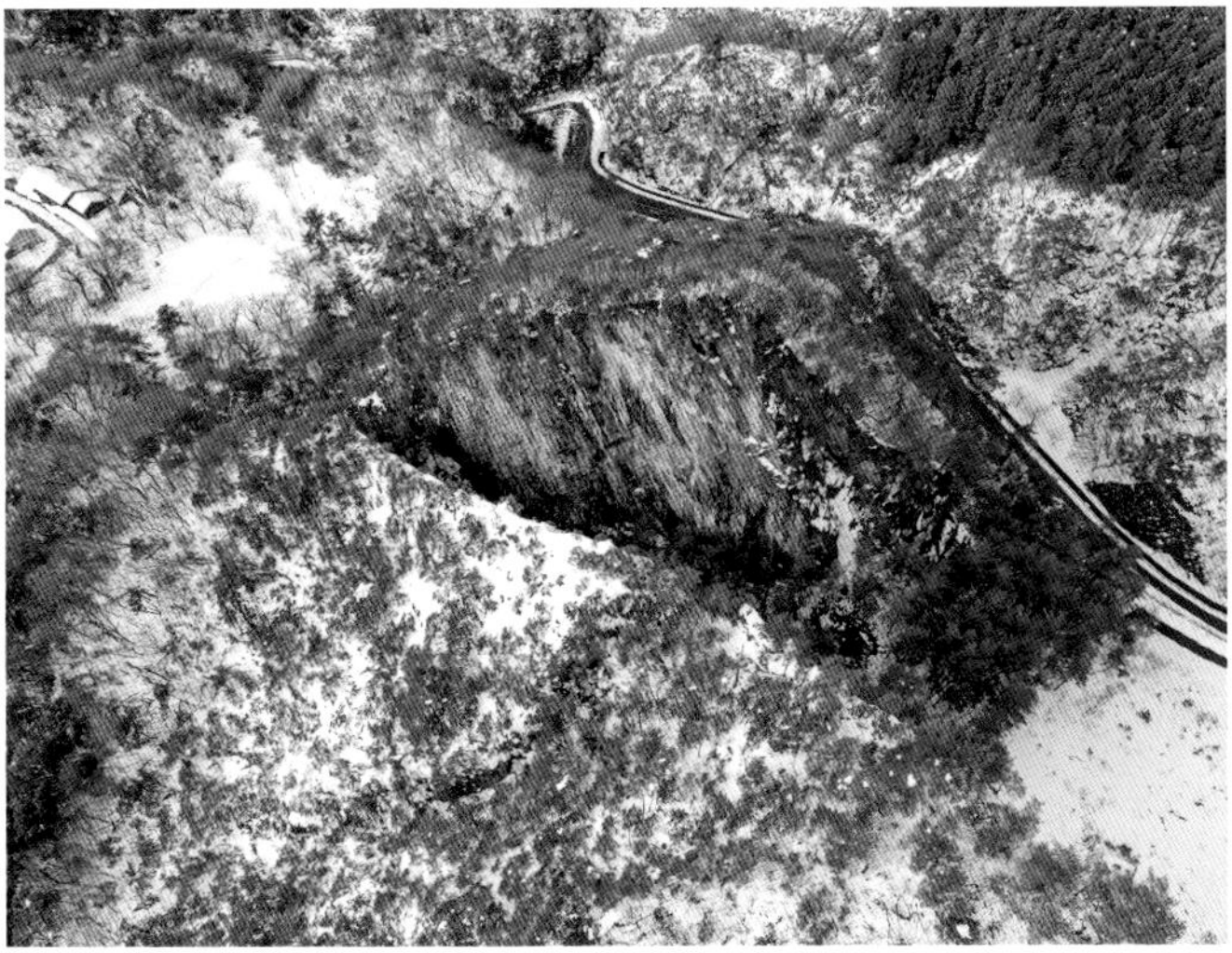
本社小型無人機から撮影した、真上からの「道遊の割戸」。坑道の跡とみられる穴も確認できる＝佐渡市

　やがて露頭掘りができる場所は掘り尽くされ、１７００年ごろには、主流は地下の鉱脈に向かってトンネルを掘る坑道掘りへと移った。割戸はそのまま残り、１７４０年ごろには、相川を代表する素晴らしい景色を選んだ「相川八景」の第一景に数えられた。江戸時代の人々も、割戸を名所として観賞していたに違いない。

　割戸は今後もシンボルとして今の姿であり続けられ

るのか。宇佐美課長補佐は「寒暖差や土砂崩れなどで少しずつ表面の風化が進んでいる」と危惧する。保全のためには表面に樹脂を塗る、全体に網をかけるなどの方法もあるが、工事が破壊につながってしまう可能性もある。「崩落を防ぐ壁を設けるなどの対策を取りつつ、モニタリングを続けていく」としている。

どうしてこの名前？　人名が由来か

なぜ「道遊の割戸」という名が付けられたのか。NPO法人「相川京町町並み保存センター」の小林祐玄理事長（75）は、史料からその謎を追っている。

きっかけは、道遊の割戸を紹介している江戸時代の絵図を見たことだ。当時の呼び名「青柳《あおやぎ》割戸」と書いてあり、「道遊」という言葉は書いていなかった。

その絵図以外でも、幕末までは「青柳割戸」とされており、明治期に「道遊の割戸」に切り替わったようだ。一方で、1740年ごろに詠まれた連歌には、既に「道遊」の表記がある。付近には「道遊」という名の付いた間歩《まぶ》（坑道）があるため、小林理事長は「間歩の名前がいつしか割戸の通称になったが、公的な文書は『青柳』のままだったのでは」と推測する。

坑道には開発した山師の名前が付くことが多いが、青柳という人物が鉱山開発をしたという証しは見つかっていない。道遊という人物の記録もない。「山師の雅号や法名かもしれない。考えを巡らせると面白い」と話している。

佐渡金銀山の歴史

平安時代	「今昔物語集」に佐渡で金が採れたとの記述
室町時代	世阿弥「金島書」に「金の島」の記述
1460年ごろ	西三川砂金山の採掘が稼ぎ始めとの伝承
1542	鶴子銀山の採掘開始
89	上杉家佐渡攻略・金銀山支配へ
1601	相川金銀山の採掘が本格的に開始
03	大久保長安が佐渡代官に就任
18	代官所を奉行所に改める
48	新穂銀山が大盛り
96	南沢疎水道が完成
1869	佐渡金銀山が明治政府直営鉱山に
72	西三川砂金山が閉山
96	佐渡金銀山が民間に払い下げ
1940	北沢浮遊選鉱場が完成
46	鶴子銀山が閉山
62	観光坑道が開業
89	相川金銀山が操業休止
97	島内有志が「世界文化遺産を考える会」設立
2003	相川地区で「佐渡金銀山友の会」発足
04	佐渡市誕生
06	県と佐渡市が文化庁に世界遺産登録の提案書を提出
07	「考える会」と「友の会」が統合し「佐渡を世界遺産にする会」発足
10	佐渡鉱山が世界遺産の暫定リストに記載
15～18	推薦書原案が文化審で４年連続で落選
20	新型ウイルスの影響で文化審が選定見送り
21	国内推薦候補に選ばれる
22	岸田首相が推薦を表明

佐渡金銀山絵巻

佐渡金銀山絵巻には、鉱石の採掘から小判造りまで一連の作業が事細かに描かれている（絵巻の資料は新潟県立歴史博物館所蔵）

【砂金採りの主な手順】

① 砂金を含んだ山の斜面を、つるはしで掘り崩す。崖になった斜面が崩落しないか見張る「ダイナイ爺（じい）」という役目の人もいた。

② 掘り出した土砂に、堤にためた水を一気に流し込み、余分な土や石を取り除く。堤に水をためるため、長い水路が造られた。

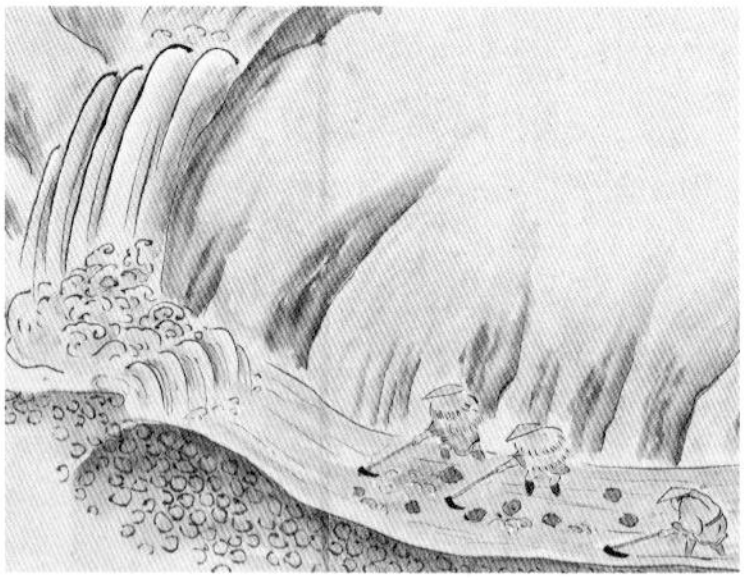

③ 川の底にたまった砂を「ゆり板」と呼ばれる板に移して、水の中で揺すって余分な砂を取り除き、砂金を取り出す。

【鉱石から小判を造る主な流れ】

① 金山の硬い鉱脈にのみを金づちで打ち付け、鉱石を掘り採る。坑内の昇降には、丸太に足掛かりの切り込みを入れたはしごを使った。

② 坑内から鉱石を運び出し、鉄ついで砕いて粉々にする。ふるいにかけ、水の中でゆすったり、石うすでさらに細かく砕いたりして、金銀を含んだ鉱砂を取り出す。

③ 鉱砂に鉛を加えて溶かしたものを、灰を敷き詰めた鉄鍋で熱し、金塊を取り出す。この製錬方法は「灰吹法」と呼ばれる。

④　金塊を溶かしてすり砕いた金粒を塩と混ぜ合わせ、長竃で焼く。金粒の中に残る銀が取り除かれ、金の純度が高まる。この精錬法は「焼金法」と呼ばれる。

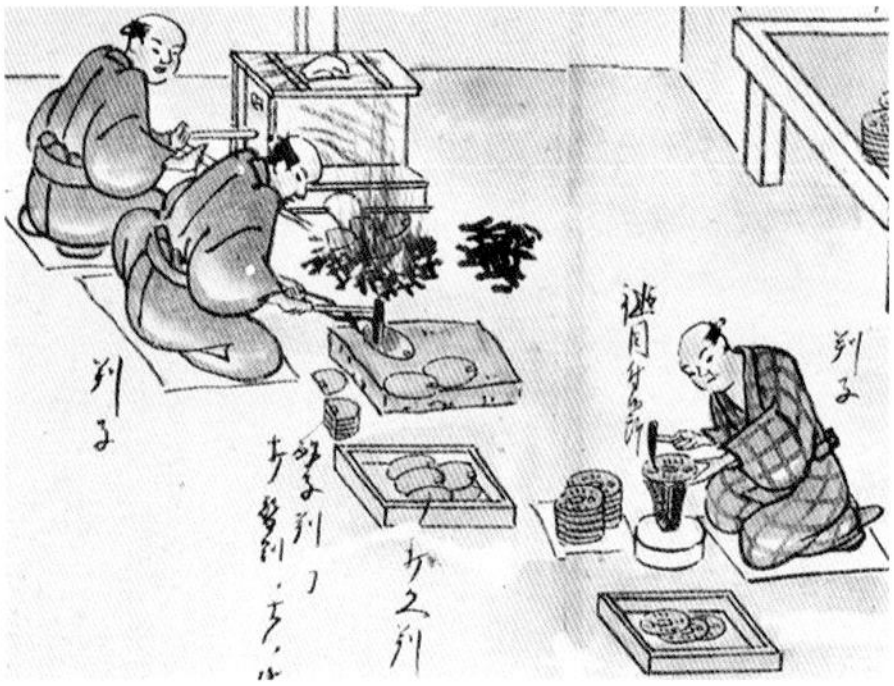

⑤　金を丸い小判の形に整え、金づちで表面をたたいて「ござ目」を付ける。薬品を塗って焼き、塩で磨くことで表面に輝きを出す。

⑥　鉱山町としてにぎわった相川。休日には、鉱山で働く男たちが酒屋で美酒に酔った。

佐渡金銀山絵巻に詳しい仏・アルザス日本研究センターの副学長・レギーネ・マティアス教授の関連インタビューを74ページに掲載しています

新潟日報ブックレット③

輝ける島へ

佐渡・世界遺産の行方　【前編】

新潟日報　「輝ける島へ」取材班

はじめに

新潟県佐渡島。室町時代、「金《こがね》の島ぞ妙《たえ》なる」と世阿弥が絶賛し、江戸時代、沖合を航行した船から佐渡が輝いて見えたことが採掘の始まりとなったと史書に記される。古くから「金の島」として知られてきた。

国内最大級の規模で、1989（平成元）年の休山まで生産が続いた佐渡金山は今、「佐渡《さど》島の金山」として、国連教育科学文化機関（ユネスコ）の世界文化遺産の登録を目指している。

2024年4月現在、日本国内の世界文化遺産は20件。国内21件目かつ、新潟県内初の世界遺産となるか正念場を迎え、県民の期待も高まってきた。

佐渡の世界遺産登録を推進する活動は、始まって四半世紀がたつ。佐渡より後に活動を始めた候補に登録を追い越される憂き目も見た。ようやく推薦候補となった後には、ユネスコから推薦書の不備を指摘され、再提出を余儀なくされた。歴史認識の違いから韓国の反発を受け、一時は推薦自体を見送る動きもあった。複雑な経過をたどった異例の案件であることは間違いない。

未来へ引き継ぐべき、人類共通の財産を守るはずの世界遺産が、政治や外交など本質からかけ離れた思惑の中で議論されている状況への疑問が、本企画の出発点だった。

２０２３年の新潟日報重点企画として、７カ月にわたって新聞紙面で連載した。担当記者は新潟県内だけでなく、東京や九州、韓国にも足を運び、さまざまな視点から佐渡金山の立ち位置を考えてきた。また、無事登録となった後に想定される課題についても、先行事例を取材し、掘り下げた。

「佐渡島の金山」の登録の可否は２０２４年7月、決まる。金山とともにある佐渡島がどう変化していくのか。これまでの歩みに触れ、今後のヒントにしていただけたら幸甚だ。

新潟日報社報道部デスク　榎本　祐介

【前編】

第1部　ドキュメント　永田町の金山

世界文化遺産への登録を目指す「佐渡島《さど》の金山」。政府が2022年2月、国連教育科学文化機関（ユネスコ）に国内候補として推薦書を提出した。佐渡の市民有志が登録を目指しグループを立ち上げて四半世紀。悲願達成へようやく針が進み始めた。しかし、不備の指摘を受け推薦書の再提出という前代未聞の事態に陥った。混迷する今だからこそ、世界遺産を問い直したい。佐渡金山の価値とは何か。世界遺産登録までにはどのような障壁があるのか──。多角的な視点で掘り下げる。政治に翻弄《ほんろう》された佐渡金山の2年をドキュメントで追う。

「軍艦島」の溝、混迷招く

「世界遺産委員会の決議を真摯《しんし》に受け止め、誠実に対応してきた。今後も適切に対応する」。2022年12月2日、外務省の会見室。日本政府が11月30日にユネスコに提出した報告書について、外相・林芳正は表情を変えず、淡々と述べた。

報告書は、世界文化遺産「明治日本の産業革命遺産」の一つ、長崎市の端島（通称・軍艦島）で戦時徴用された朝鮮半島出身者に関するもの。ユネスコ世界遺産委が、犠牲者を記憶にとどめる説明が不十分だとして２０２１年７月、改善を求め決議していた。

雨雲でかすむ、佐渡金山のシンボル「道遊の割戸」。世界文化遺産登録に向け、異例の道のりをたどってきた＝佐渡市下相川

内閣官房から説明を受けた関係者によると、報告書では犠牲者に関する史料を分かりやすく展示するコーナーを産業遺産情報センター（東京）に設置するなどと説明。一方で徴用は朝鮮半島出身者も含む日本国民に行われたと、従来の主張を展開している。

「明治日本」の登録に携わった関係者は「捉え方は立場で異なるが、ゼロ回答とみる人もいる」とする。政府関係者は「ユネスコがさらなる改善を求めてくる可能性もあり得る。そうなると、影響は避けられないだろう」と顔をゆがめた。

影響とは「佐渡《さど》島の金山」の世界文化遺産登録を指す。軍艦島を巡る日本政府の対応に不満を持つ韓国が、佐渡金山も同様に「強制労働の現場だった」として、登録に反対しているためだ。

明治日本が世界遺産に登録された２０１５年。日韓両国は軍艦島を巡り激しく対立した。日本政府は世界遺産委の席上で「犠牲者を記憶にとどめるために適切な対応を取る」と表明。約束を履行するため2020年には同センターを開設したが、展示内容が不十分だとして韓国が再び反発。世界遺産を巡る日韓の溝は深まっていった。

世界遺産に関わってきた政府関係者は断言する。「遺産登録には国際政治が関係する。佐渡金山は、明治日本抜きには語れない」

佐渡金山がたどる異例の道のりは、世界遺産委が明治日本に関して決議した2021年7月の1カ月前にさかのぼる。

世界文化遺産

1975年に発効した世界遺産条約に基づき、歴史的建造物や遺跡を対象にユネスコが人類共通の財産として登録する。国内には姫路城など20件がある。文化審議会が推薦候補を原則毎年1件選定し、政府がユネスコに推薦書を提出する。登録可否は21カ国で構成する世界遺産委員会が決める。

文科相、覚悟胸に異例の訪問

2021年6月1日。自民党安倍派（清和政策研究会）に所属する当時の文部科学相・萩生田光一は佐渡市の両津港に降り立った。報道陣に公開される大臣の出張予定にもない、極秘の来島だった。目的は世界文化遺産の国内候補「佐渡《さど》島の金山」の視察。国連教育科学文化機関（ユネスコ）への推薦を念頭に置いた最終確認の意味もあった。

江戸時代から使われていた坑道「宗太夫坑《そうだゆうこう》」や金山のシンボル、道遊の割戸などを見て回った。「あの時代に金を手掘りで…。想像するだけですごいな。価値は十分だ」。萩生田は確信を深めた。

文化審議会が答申を出していない段階で所管大臣が国内候補地を訪ねるのは極めて異例だ。後に新潟日報社の取材に応じた萩生田は当時を振り返り、断言した。「行けば後戻りできない。地元の期待が高まるのは十分承知の上だった」

極秘で来島し「佐渡島の金山」を視察する萩生田光一文科相（当時）＝2021年６月１日、佐渡市

萩生田は事前に首相・菅義偉と、来島についてやりとりした。佐渡金山にさして関心がない様子の菅から「大臣が一番詳しいんだろうから」と一任された。

世界遺産の国内推薦へ佐渡金山が２０１５年に挑んでから、４回もの落選を重ねていた。「佐渡には何回も待ってもらっている」。佐渡視察には萩生田の強い意志が込められていた。

文科省トップの来訪に、島は色めき立った。地元関係者は文化庁幹部の「自分と大臣が来たからには、（推薦は）決まったようなものだ」との発言も耳にしていた。「これで行ける」。悲願達成へ期待は膨らんでいった。

地元期待も答申は延期

しかし――。程なくして国際社会と永田町では対照的な動きが加速していく。萩生田来島からわずか1カ月後の2021年7月、ユネスコの世界遺産委員会が「明治日本の産業革命遺産」を巡り、戦時徴用された朝鮮半島出身者の説明が不十分と決議した。

この後、例年夏に出される文化審の国内推薦の答申が先延ばしになる。「推薦候補の選定基準見直し」が答申延期の表向きの理由だった。通例で9月末までとなっている暫定版の推薦書提出が不可能になることも意味していた。

佐渡金山も「明治日本」同様、朝鮮半島出身者の徴用の歴史がある。元政府幹部はこう証言する。

「（答申延期は）決議が間違いなく影響している。選定基準の見直しは理由の後先が逆だ」

同じ時期、政局も動いていた。菅政権は新型コロナウイルスの対応で批判を浴び、2021年8月の支

「佐渡島の金山」を巡る動き

2021年 3月31日	県と佐渡市が推薦書原案を文化庁に提出
21年 6月1~2日	萩生田光一文科相が来島し視察
21年 7月22日	世界遺産委員会が長崎市の端島（通称・軍艦島）を巡り、戦時徴用された朝鮮半島出身者に関する説明が不十分だとする決議を採択
21年10月 4日	岸田文雄内閣が発足
21年11月15日	末松信介文科相に要望活動
21年12月28日	文化審議会が佐渡金山を国内推薦候補に選定すると答申
同	岸田文雄首相が「佐渡のギンザン」と発言
22年 1月20日	安倍晋三元首相が「論戦を避ける形で申請しないのは間違い」と発言
22年 1月28日	岸田首相がぶら下がり取材で推薦方針を正式表明
22年 2月 1日	ユネスコに推薦書を提出
22年 2月28日	ユネスコが日本政府に推薦書の不備を指摘。5カ月後に明らかとなる
22年 9月29日	暫定版の推薦書を再提出

持率は30％台と低迷。政界には「菅降ろし」の風が吹き荒れていた。菅に近い政務三役経験者は「この流れで答申が出ても、菅さんには判断する余裕がなかった」とみている。自民党総裁選の出馬さえままならない菅。「世界遺産に注ぐエネルギーは残っていなかっただろう」

佐渡金山の国内推薦への期待は、次の岸田文雄政権に持ち越された。

「官邸へ」発言に凍る

自民党の大勝に終わった２０２１年10月の衆院選後、「佐渡《さど》島の金山」の世界文化遺産登録への動きに変化が見られるようになる。

11月15日、東京・霞が関の文部科学省。岸田文雄政権で文科相は兵庫県選出の参院議員・末松信介に代わっていた。就任後、本県関係者が初めて行った要望活動が異変を知る端緒だった。

報道陣に許されたのは冒頭の写真撮影のみ。非公開となった後、知事・花角英世や佐渡市長・渡辺竜五らが、世界遺産登録の前提となる国内推薦候補に選定するよう求めた。

２０２１年度に国内推薦候補の選定を希望するのは佐渡のみ。ライバル不在で選定が有力視されていたため、この日の要望は「念押し」の意味合いが強かった。誰もが「しっかり対応する」との発言を期待していた。

しかし、末松の対応は予想に反するものだった。地元の悲願を訴える出席者たちに対し、慎重な言い回しに終始。徐々にその場の雰囲気は凍りついていった。そして、末松が放った言葉を複数の出席者が覚えていた。

「官邸にもよく言っておいてください」

国内推薦候補を選定するのは、文科省や文化庁の諮問機関である文化審議会の世界文化遺産部会。「官邸」との一言は、文科省だけでは解決できない問題になっていることを示唆していた。

要望の終了後に予定されていた花角への取材は「公務」を理由に、急きょキャンセルとなっていた。それでも手応えを聞きたい報道陣は、大臣室からエレベーターまでの数十秒を追いかけた。

足早に去ろうとする花角は面会を終えての所感を問われ、こうつぶやいた。「大丈夫だと…思っているんですけどねえ」。言葉とは裏腹に表情には戸惑いがにじんでいた。

楽観視一転、要望も不調

不安が広がる本県関係者たちは、12月初旬に官

面会の冒頭で末松信介文科相（左から４人目）に要望書を手渡す花角英世知事（右隣）ら。このときはまだ和やかな雰囲気だった＝2021年11月15日、文科省

房長官・松野博一への要望を試みる。調整を担ったのは、世界遺産登録の実現に向け本県関係の自民党国会議員でつくる議員連盟会長の参院議員・水落敏栄。岸田派（宏池会）に所属し、松野とは文科副大臣時代に大臣と副大臣の間柄だった。

だが、面会はかなわなかった。関係者によると、首相官邸側は佐渡金山で朝鮮半島出身の労働者が働いていたことなど外交的な問題を理由に挙げたという。翌2022年3月に韓国の大統領選が予定されていることも懸念材料になっていた。

松野に会えないのは初めてだった。水落は振り返る。「官邸は話を大きくしたくなかったのだろう」

さらに別の議員も官邸幹部への要望機会を模索したが、不調に終わる。官邸側は「要望に来る必要がない。担当は官邸ではなく文化庁だから」とにべもなかった。

官邸と文科省、文化庁の間で押し付け合いのようになった佐渡金山。文化的な議論を飛び越えて、政局の渦に巻き込まれようとしていた。

「佐渡島の金山」を巡る動き

2021年 3月31日	県、佐渡市が推薦書原案を文化庁に提出
21年6月1~2日	萩生田光一文科相が来島し視察
21年 7月22日	世界遺産委員会が端島（通称・軍艦島）を巡り、戦時徴用された朝鮮半島出身者に関する説明が不十分だとする決議を採択
21年10月 4日	**岸田文雄内閣が発足**
21年11月15日	**末松信介文科相に要望活動**
21年12月28日	文化審議会が佐渡金山を国内推薦候補に選定すると答申
同	岸田首相が「佐渡のギンザン」と発言
22年 1月20日	安倍晋三元首相が「論戦を避ける形で申請しないのは間違い」と発言
22年 1月28日	岸田首相がぶら下がり取材で推薦方針を正式表明
22年 2月 1日	ユネスコに推薦書を提出
22年 2月28日	ユネスコが日本政府に推薦書の不備を指摘。5カ月後に明らかとなる
22年 9月29日	暫定版の推薦書を再提出

悲願打ち消す「異例の一文」

年の瀬が迫った2021年12月27日の朝、県庁知事室。外務省や文化庁の担当者がひそかに訪れた。翌日に公表する文化審議会世界文化遺産部会の答申案が、知事・花角英世と佐渡市長・渡辺竜五に示された。答申案は「佐渡《さど》島の金山」を世界文化遺産の国内推薦候補に選定するとしていたが、地元の悲願を打ち消す異例の一文が付け加えられていた。

「世界文化遺産部会による国内推薦候補の選定は推薦の決定ではなく、今後、政府内で総合的な検討を行っていく」

世界遺産登録に向けては、文化審の答申を踏まえ政府が推薦書を閣議了解し、国連教育科学文化機関（ユネスコ）に提出するのが通例。答申に反し政府が正式に推薦しなかったケースはなく、異例の一文を明記する必要もなかった。裏返せば、政府の推薦しない意思が示されたものだった。

文化審は2018年に佐渡金山が「北海道・北東北の縄文遺跡群」と競合して落選した際、「縄文遺跡群に次ぐ案件として、有力な推薦候補となり得る」とお墨付きを与えていた。2021年に推薦を目指すのは佐渡のみ。「一択」の状況で選ばなかった場合、矛盾を指摘されるのは明白だった。

だが、外務、文部科学、文化の各省庁は推薦すれば韓国の反発が想定され、登録は困難な情勢とみていた。当時、自民党文科部会長だった衆院議員・山本朋広は「そもそも彼らは諦めていた。負け戦になると説明すれば、みんなが『やめようか』と言ってくれると期待していた」と証言する。

答申が覆されかねない事態を文化審はどう見ていたのか。答申案を最終的に議論する会合が12月15日、非公開で開かれた。

関係者によると、会議では異例の一文を巡り、委員から「理解できない」「私たちが最終推薦案件を決めるのではないのか」と異論が出た。最終的に部会長の東大名誉教授・佐藤信に一任されたが、佐藤も困惑した表情を見せたという。

首相は関心の低さ露呈

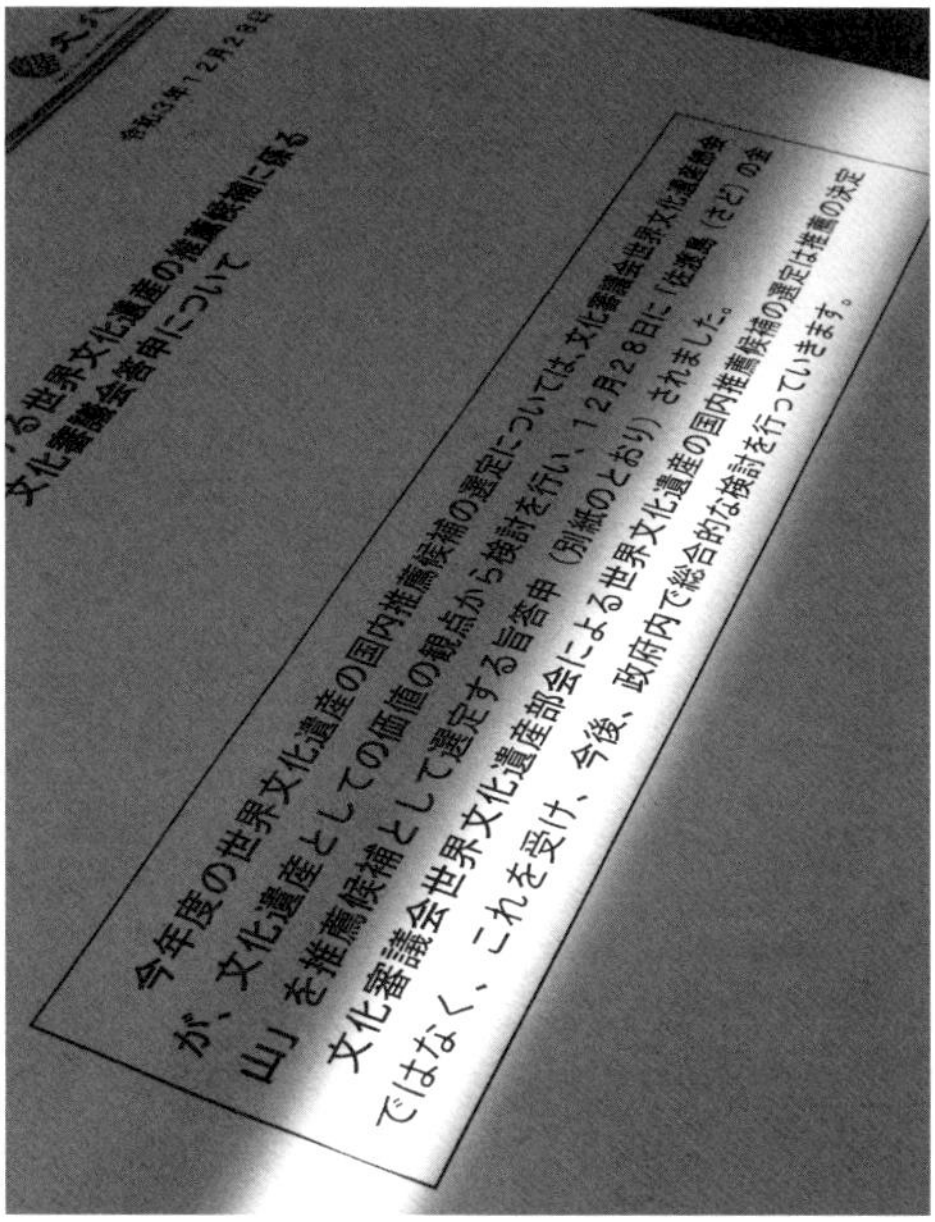
令和3年12月28日
…る世界文化遺産の推薦候補に係る
文化審議会答申について
今年度の世界文化遺産の国内推薦候補の選定については、文化審議会世界文化遺産部会が、文化遺産としての価値の観点から検討を行い、12月28日に「佐渡島（さど）の金山」を推薦候補として選定する旨答申（別紙のとおり）されました。
文化審議会世界文化遺産部会による世界文化遺産の国内推薦候補の選定は推薦の決定ではなく、これを受け、今後、政府内で総合的な検討を行っていきます。

文化審議会が佐渡金山を国内推薦候補に選定した際の報道発表。「選定は推薦の決定ではない」などと異例の一文が記された

波紋を呼んだ異例の一文。ある自民党国会議員は怒りをにじませ、省庁の担当者に「この方針はどこまで上がっているのか」と迫った。担当者は言葉を選びつつも、こう言った。

「首相官邸にも上がっています」

一方で政権の対応を省庁が主導していることを露呈した場面があった。佐渡金山の答申が正式発表された2021年12月28日の官邸。仕事納めに当たり首相・岸田文雄が記者団の取材に応じた。

話題は1年の感想などで和やかだったが、

新潟日報社が佐渡金山について聞くと、岸田は虚を突かれた表情を見せた。「佐渡のギンザンについて文化審議会が何？」と聞き返し、趣旨を理解した後も「認定だか、選考だかをしたと聞いている。対応は承知していない」とかみ合わなかった。

岸田の対応に表れたように、政権は当初、重要問題になると想定すらしていなかった。一方の省庁側は推薦しない方針で押し切れると考えていた。しかし、憲政史上最長の政権を築いた人物の一言によって流れが一変する。

「佐渡島の金山」を巡る動き

2021年 3月31日	県、佐渡市が推薦書原案を文化庁に提出
21年6月1~2日	萩生田光一文科相が来島し視察
21年 7月22日	世界遺産委員会が端島（通称・軍艦島）を巡り、戦時徴用された朝鮮半島出身者に関する説明が不十分だとする決議を採択
21年10月 4日	岸田文雄内閣が発足
21年11月15日	末松信介文科相に要望活動
21年12月28日	文化審議会が佐渡金山を国内推薦候補に選定すると答申
同	岸田首相が「佐渡のギンザン」と発言
22年 1月20日	安倍晋三元首相が「論戦を避ける形で申請しないのは間違い」と発言
22年 1月28日	岸田首相がぶら下がり取材で推薦方針を正式表明
22年 2月 1日	ユネスコに推薦書を提出
22年 2月28日	ユネスコが日本政府に推薦書の不備を指摘。5カ月後に明らかとなる
22年 9月29日	暫定版の推薦書を再提出

保守攻勢、推薦へ外堀埋まる

「佐渡《さど》島の金山」を巡る年末の混乱を経て年が明けた2022年1月7日。知事・花角英世らは霞が関や永田町を回り、政府が国連教育科学文化機関（ユネスコ）へ推薦するよう要望して回った。

この日、公表された日程にはない行き先があった。韓国の反発を背景に推薦に反対していた外務省だ。外相・林芳正に直談判した。

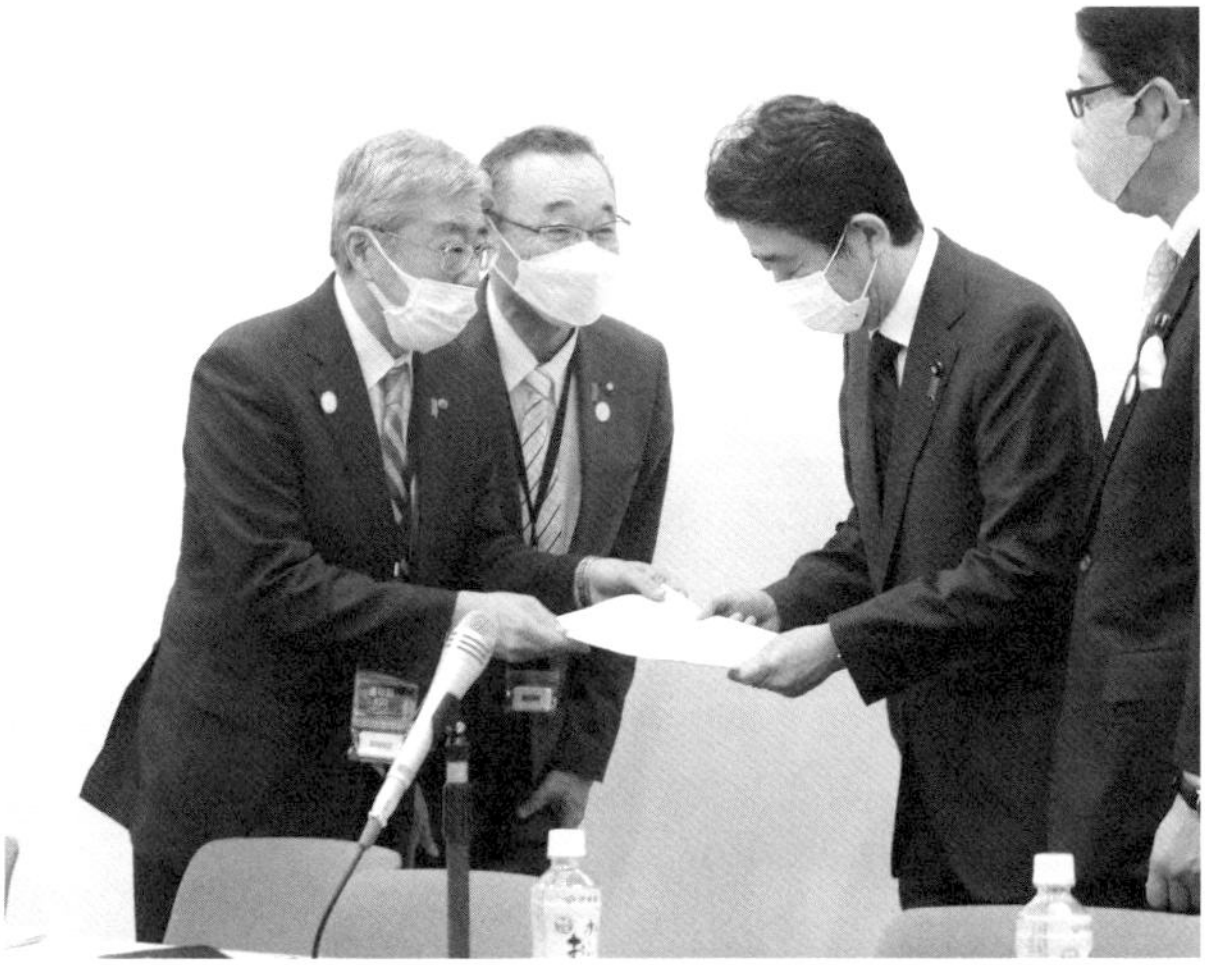

安倍晋三元首相に要望書を手渡す佐渡市の渡辺竜五市長（左から2人目）ら。多忙な安倍氏だが、約1時間の会合に最後まで出席した＝2022年1月18日、国会

「推薦しない方向だ」。関係者によると、林はこう言って明確に方針を伝えた。これに花角が異議を唱えた。「たとえ今回、駄目になっても国際舞台で堂々と日本の主張をしてほしい」。温和で知られる花角の言葉に怒気がこもっていた。

一方で別の反応もあった。それは自民党本部で面会した政調会長・高市早苗だった。高市の第一声は「今年は推薦しないって聞いているけど」。与党幹部にも根回しが進んでいたことに失望が広がったが、必死に状況を説明し、最後は「よっしゃ、やるか」と力強い返事に変わった。

ユネスコへの推薦期限は2月1日。厳しい情勢が続き時間切れが迫る中、潮目を変える発言が飛び出す。

1月20日の自民党安倍派総会。元首相・安倍晋三は推薦に消極的な政府に対し、こうけん制した。「論戦を避ける形で登録を申請しないのは間違っている」

安倍の発言を報道各社は速報。党内最大の実力者の強い意志を示すものだと受け止められた。

この発言には伏線があった。2日前、衆院議員・高鳥修一が代表世話人を務める議員連盟「保守団結の会」が開いた会合だ。佐渡市長・渡辺竜五らが、推薦を巡る要望書を手渡そうとした時だった。周りに促される形で同会顧問の安倍が1歩前に出た。さながら安倍への「協力要請」だった。

安倍に近い関係者は語る。「主張すべきは主張する。それを避ける『事なかれ外交』は日本を危うくすると、安倍さんはみていた」。佐渡金山の推薦を後押しすることは、安倍の政治思想と合致していた。

政権内部からも公然と異論が上がり始める。高市は1月24日の衆院予算委員会で真っ先に佐渡金山を取り上げ、「国家の名誉に関わる。必ず本年度に推薦すべきだ」と求めた。

「佐渡金山は推薦した方がいい」。安倍は電話で繰り返し首相・岸田文雄に迫った。花角は秘密裏に自民党副総裁・麻生太郎を訪ね、協力を取り付けた。推薦へ外堀が埋まっていった。

「佐渡島の金山」を巡る動き

2021年 3月31日	県、佐渡市が推薦書原案を文化庁に提出
21年6月1~2日	萩生田光一文科相が来島し視察
21年 7月22日	世界遺産委員会が端島(通称・軍艦島)を巡り、戦時徴用された朝鮮半島出身者に関する説明が不十分だとする決議を採択
21年10月 4日	岸田文雄内閣が発足
21年11月15日	末松信介文科相に要望活動
21年12月28日	文化審議会が佐渡金山を国内推薦候補に選定すると答申
同	岸田首相が「佐渡のギンザン」と発言
22年 1月20日	安倍晋三元首相が「論戦を避ける形で申請しないのは間違い」と発言
22年 1月28日	岸田首相がぶら下がり取材で推薦方針を正式表明
22年 2月 1日	ユネスコに推薦書を提出
22年 2月28日	ユネスコが日本政府に推薦書の不備を指摘。5カ月後に明らかとなる
22年 9月29日	暫定版の推薦書を再提出

政権安定狙い首相決断

２０２２年1月28日夜の首相官邸。記者団の取材に応じた岸田は推薦する方針を表明。夏に参院選を控え、安定政権を維持するためには党内の保守層は無視できない。政治的な決断だった。

ただ、実務を担う霞が関では冷淡な意見が多かった。推薦方針の決定直後、外務省幹部は新潟日報社の取材に、林に対する花角の発言を引き合いに、こう突き放した。「知事があそこまで言うならやってみればいい。われわれは地元の邪魔をしているわけではない」

推薦決定に地元が沸いてから、わずか1カ月後の2月28日。想定だにしなかった書簡がユネスコ本部のあるパリから届く。

突然の「不備」通告

それは突然の通告だった。「佐渡《さど》島の金山」の推薦書を提出してから1カ月もたたない２０２２年2月28日。国連教育科学文化機関（ユネスコ）から日本政府に1通の書簡が送られてきた。

構成資産の西三川砂金山に関する記載が不十分だと指摘する内容だった。砂金の採取に使われていた導水路跡について、途切れている箇所の「説明が欠落している」と主張していた。

書簡を目にした関係者はあぜんとした。「あまりにも細かい。見た人間は誰一人納得していなかった」

2月に提出した正式版の推薦書はもう修正できず、ユネスコを説得するしかなかった。文部科学省や文化庁の幹部が断続的にパリの本部を訪ね、当局と協議を重ねた。

「激しく、どつき合うようなやりとりが何度もあった」。交渉を知る政府関係者は振り返る。しかし、両者の主張は平行線で時間だけが過ぎていった。

極秘の交渉実らず、推薦書を再提出

ユネスコとの交渉は政府内で「極秘」とされ、ごく限られた人間しか知らなかった。外相や文科相ら以外、政務三役にも情報共有されないほどの徹底ぶりだった。

書簡が届いてから5カ月後の２０２２年7月28日、一連の問題を新潟日報などが報じ、事態が急転した。文科相・末松信介は交渉を打ち切り、推薦書を再提出する方針を表明。当初目指していた２０２３年の世界遺産登録を断念した。

推薦書の「不備」だけが問題だったのか。文化庁は「あくまで技術的な問題」と泥をかぶったが、さまざまな臆測が交錯する。

佐渡金山を戦時中に朝鮮半島出身者が「強制労働させられた場」と韓国が反発してきたことから、文化庁関係者は「まず両国で話し合えというメッセージだろう」とみる。

世界遺産委員会が朝鮮半島出身者を巡る展示内容を不十分と決議した「明治日本の産業革命遺産」に関する報告書の期限が、12月1日に迫っていたことを踏まえ、「ユネスコはまず報告書を見極めようとした」との見立てもある。

書類の不備で審査が止まるのは国内で初めて。県や佐渡市への連絡は7月27日夜になってからで「報道されそうだから」というドタバタぶりだった。困惑と不信が広がり、政府には批判が集中した。

末松は8月1日、県庁で知事・花角英世と面会し、推薦書再提出に向け協力を要請。周辺によると、末松は「俺が行く」と意思が固く、信頼回復への決意を見せたという。

暫定版推薦書の提出期限は9月末。推薦書の様式変更に伴う修正もあり、見直しは広範囲に及んだ。わずか2カ月しかない中で、現場で互いの信頼関係を議論している余裕はなかった。

推薦書を再提出する方針を花角英世知事（右）に説明するため、県庁を訪れた末松信介文部科学相。「県、佐渡市の協力を頂戴したい」と頭を下げた＝2022年８月１日

文化庁、県、佐渡市の担当者が毎週のように、県庁に集まり協議した。作業の中心にいた県世界遺産登録推進室長・沢田敦は強調する。「わだかまりはない。最初からやるしかない、という感じだった」

さまざまな感情を乗り越えて一つにまとまった新たな推薦書。9月29日、政府はわざわざ職員をパリまで派遣。直接提出する力の入れようだった。

登録へ、なお高い障壁

「佐渡《さど》島の金山」の暫定版推薦書を、政府が国連教育科学文化機関（ユネスコ）に提出して2カ月後の2022年11月29日。衆院文部科学委員会で進捗《しんちょく》を問われた文科相・永岡桂子は淡々と答弁した。「（ユネスコから）完成度を高めるための、形式面に関するコメントがあった」

指摘されたのは、地図の縮尺や説明文の位置など、あくまで「形式面」だと強調、審査に大きな支障はないとアピールしてみせた。

政府は暫定版推薦書を修正し、２０２３年２月１日までに正式版を提出する。順当なら２０２４年のユネスコ世界遺産委員会で審査される見通しだ。

だが、登録までには高い障壁が待ち受ける。韓国が佐渡金山を「朝鮮半島出身者の強制労働の場だった」と主張していることへの対応だ。

世界遺産条約では「全人類のための遺産を保護する」とうたう。登録の可否を決める世界遺産委は２０２１年7月、ある指針を採択した。「他国との対立を避けるため、推薦前の建設的な対話を推奨する」。「明治日本の産業革命遺産」での朝鮮半島出身者の説明が不十分だと決議したのも、同じ会合だった。

国家間の争いを嫌うユネスコは世界遺産の登録を、21の委員国の全会一致を原則とする。ユネスコが２

「佐渡島の金山」を巡る動き

2021年 3月31日	県、佐渡市が推薦書原案を文化庁に提出
21年6月1~2日	萩生田光一文科相が来島し視察
21年 7月22日	世界遺産委員会が端島（通称・軍艦島）を巡り、戦時徴用された朝鮮半島出身者に関する説明が不十分だとする決議を採択
21年10月 4日	岸田文雄内閣が発足
21年11月15日	末松信介文科相に要望活動
21年12月28日	文化審議会が佐渡金山を国内推薦候補に選定すると答申
同	岸田首相が「佐渡のギンザン」と発言
22年 1月20日	安倍晋三元首相が「論戦を避ける形で申請しないのは間違い」と発言
22年 1月28日	岸田首相がぶら下がり取材で推薦方針を正式表明
22年 2月 1日	ユネスコに推薦書を提出
22年 2月28日	ユネスコが日本政府に推薦書の不備を指摘。５カ月後に明らかとなる
22年 9月29日	暫定版の推薦書を再提出

０２２年2月に前回の推薦書の不備を指摘したことを、政府関係者は日韓関係を念頭に、「政治的対立を抱える案件の審査は先送りしたいとの意図があったのではないか」と推測する。

韓国は日本が提出した「明治日本」の報告書について、ユネスコがホームページで公表した２０２２年12月13日にも、すぐに反応。外務省報道官が「約束が履行されていないことを遺憾に思う」と論評した。

対日強硬派とされた文在寅《ムンジェイン》前政権下の２０２２年2月には、佐渡金山の推薦書提出を受け、官民合同のタスクフォース（作業部会）を設置するなど、登録を阻止する動きを強めてきた。「韓国は組織と物量と情報量を使い、世界中で徹底的にやってくるだろう」。関係者は危機感を募らせる。

２０２４年の世界遺産委では韓国が委員国入りし、これにより対立が深まる可能性もある。

隣国との関係改善が鍵に

ただ、関係改善に向けて一筋の光も見える。

２０２２年11月、新大統領・尹錫悦《ユンソンニョル》と首相・岸田文雄が3年ぶりの日韓首脳会談を行った。元徴用工訴訟問題など懸案の早期解決を図る方針で一致。政府関係者の間では「対話できる環境が、前政権より整っている」との見方が広がる。

外務省幹部は韓国を訪れ、佐渡金山を巡り事務レベルでの協議を行っている。

さらに、登録を目指す自民党議連会長の参院議員・中曽根弘文は、韓国外相・朴振《パクチン》と面会。佐渡金山について意見交換するなど、議員レベルの活動も活発化している。

佐渡金山の世界遺産登録へ四半世紀、地元は手を尽くした。佐渡市長・渡辺竜五は、自らに言い聞かせるように語る。「一喜一憂せず、国を信じるしかない」

この先は政府の外交手腕に委ねられる。自民党前外交部会長・佐藤正久は「（徴用などの）史実を隠すことなく、委員国に佐渡の文化的価値をしっかり伝えるべきだ」とハッパをかける。

「佐渡島の金山」今後の流れ

2023年	
2月1日まで	ユネスコに推薦書を提出
23年	
夏から秋ごろ	イコモスが現地調査
24年	
1月末まで	イコモスが中間報告
24年	
5月ごろ	イコモスが登録の可否を勧告
24年	
6、7月ごろ	世界遺産委員会が登録審査

２０２３年1月以降の動き

極秘の現地調査　日程も非公表

２０２３年1月20日、文部科学相・永岡桂子は「佐渡島の金山」の正式版推薦書を19日に国連教育科学文化機関（ユネスコ）に再提出したと明らかにした。先だって２０２２年9月に提出した暫定版推薦書でユネスコ側から指摘された点を修正したと説明。「県や佐渡市と連携し、登録実現へ全力で取り組む」と力を込めた。

世界遺産へ再スタートを切った佐渡金山。ユネスコ事務局は3月1日付で「推薦書は要件を満たしていた」と日本政府に通知し、諮問機関である国際記念物遺跡会議（イコモス）に送付した。

前年はユネスコ事務局から推薦書に「不備」があると指摘され、先の審査に進めなかった。越えられなかったハードルをクリアし、次の焦点はイコモスによる審査に移った。

イコモスによる審査でヤマ場となるのが、審査員による現地調査だ。保全状況や地元の協力状況を確認するのが目的で、遺産への評価に大きな影響を与えるとされる。

国内での現地調査はこれまで、あらかじめ日程が公表され、調査の様子は一部が報道陣に公開されてきた。しかし、佐渡金山は調査の公開はおろか、日程すら事前には完全非公表。全ての調査が終わった後に8月24日～30日の7日間行われたことが明かされた。

「8月下旬にも現地調査が行われるようだ」。複数の関係者からの情報を基に取材すると、島内では厳戒態勢が敷かれていた。

構成資産の周辺では現地調査を控えて草刈りをする業者の姿や、車体の「佐渡市」の文字をテープで隠した車両が数台確認できた。人目を避けようとしているのは明らかだった。

情報の保秘は、長年携わってきた地元関係者にも知らせない徹底ぶりだった。現地調査に向けて西三川砂金山で草刈りに取り組んできた「笹川の景観を守る会」会長の金子一雄（64）もその1人。「無事に終わって良かった」としつつも、こう漏らした。「協力したので、いつあるのか知りたかった」

秘密裏に行われた背景には、佐渡金山を「朝鮮半島出身者労働者が強制労働させられた現場だ」として登録に反対してきた韓国側への警戒があったとみられる。

現地調査が始まる直前の8月15日には、韓国最大野党「共に民主党」の国会議員ら約50人が佐渡金山を訪問。朝鮮半島出身者らを慰霊するとして踊りを繰り広げていた。

ある本県関係者は「現地調査の日程を公表して韓国の反対派を集めてしまったら大減点だ」と指摘。県幹部も「ここまで来て失敗できない思いが強かった」と語り、異例の対応をせざるを得なかったと説明した。

調査終了を受けて記者会見を開いた文化庁の担当者は「イコモスからの指摘により、静謐《せいひつ》な環境で現地調査を行う必要があった」と強調。静謐さを求められた背景を問われると「（歴史認識を巡る日韓対立の場である佐渡金山だからということは）全くない。イコモスと相談しながら非公開になった」とけむに巻いた。

佐渡金山のシンボル「道遊の割戸」（奥）を視察するイコモスの調査員（右）＝2023年８月、佐渡市（佐渡市提供）

文化庁の担当者は会見でイコモスの調査員に「丁寧に説明し、一定の理解は得られた」との感触を語った。ただ、詳しい調査内容は明かされず、地元関係者にとっては信じるしかないのも実情だ。

国際理解へ　政府と県、佐渡市が連携

「佐渡島の金山」の世界遺産登録に向けて、重要なのは国際社会の理解だ。国連教育科学文化機関（ユネスコ）の諮問機関・国際記念物遺跡会議（イコモス）が出した勧告を基に、21カ国で構成する世界遺産委員会が最終判断する。「人類共通の遺産」を選ぶ観点から、登録は全会一致が原則とされる。

外交を主導するのは政府の役割だ。それを象徴する場面があった。

佐渡金山の推薦書を再提出する直前の2023年1月9日、首相の岸田文雄は訪問先のフランス・パリでユネスコ事務局長のアズレと会談。首相は佐渡金山に関する日本政府の立場を説明し、登録実現への理解を求めたとみられる。

首相が世界遺産に関してユネスコのトップに説明するのは異例。政府と県、佐渡市の間には、2022年に1回目の推薦書を提出するかどうかを巡って政局に発展したことや、推薦書の不備を指摘されて再提出した経緯から微妙な空気も流れていた。しかし、本県関係者の一人は「首相が動き、背水の陣という覚悟が伝わってきた」と語り、3者の連携を強化する上での分岐点だったと指摘する。

2023年8月にイコモスの現地調査が終了して以降、佐渡金山の世界遺産登録に向けて外交活動は本格化していく。外務省は10月、10カ国の駐日大使らを佐渡市に招いたツアーを実施。佐渡金山の文化的価値に直接触れる機会をつくった。

知事・花角英世も動く。11月30日から佐渡市長の渡辺竜五とともにユネスコ本部のあるパリを訪れ、世界遺産委を構成する各国の大使に働きかけた。

関係者によると、花角は早い段階からパリを訪問して各国大使にアピールすることに強いこだわりを見せていたという。記者会見でも「必要なことは何でもやる」と強調しており、登録への決意を示す。

一方で、先行きが見通せない課題もある。佐渡金山について「戦時中に朝鮮半島出身者が強制労働させられた現場」として登録に反対してきた韓国側への対応だ。日韓関係を重視する尹錫悦政権が発足して以降、強硬だった韓国側の姿勢には変化も見え、日韓両政府は水面下で協議を重ねているとみられる。

韓国の駐日大使・尹徳敏は２０２３年12月の新潟日報社のインタビューで、戦時中の朝鮮半島出身者に関する詳しい説明があれば「韓国政府として登録に反対しないと思う」との考えを示した。

佐渡金山の視察に訪れた駐日大使らを前にスピーチする花角英世知事（左）＝2023年10月、佐渡市

佐渡金山の世界遺産としての推薦範囲は戦国時代末から江戸時代までで、戦時中は含まれていない。ただ、ユネスコは「フルヒストリー（全体の歴史）」も重視する傾向にあり、佐渡金山での朝鮮半島出身者に関する歴史を国際社会にどう説明するのか問われる可能性がある。

２０２４年は佐渡金山にとって悲願達成に向けた勝負の年になる。1月末までにイコモスは政府に中間報告を行い、佐渡金山に関する評価や課題を伝えた。中間報告の内容は非公表となっているが、関係者によると、特段大きな問題点は指摘されていないとみられる。花角と渡辺は3月にも再びパリを訪問。あらためて佐渡金山をアピールした。

佐渡金山の登録可否が審査される見通しの世界遺産委はインド・ニューデリーで7月21日から31日まで開かれる。世界遺産委では日韓はともに委員国を務める。これに先立ち、6月初旬までに登録すべきかどうかイコモスの勧告が明らかになる見通しだ。

「佐渡を世界遺産に」の合言葉で活動が始まって四半世紀。国際社会から認められ、「人類共通の遺産」となれるのか。勝負の日が迫っている。

第2部　掘り出した価値

「黄金の花が咲く」と今昔物語集に記され、「金《こがね》の島ぞ妙《たえ》なる」と世阿弥がたたえた佐渡島。17世紀には世界最大級の金の生産を誇り、江戸幕府の財政を支えた。輝かしい歴史と文化がある佐渡金山を、世界文化遺産にしよう――。四半世紀前、そんな壮大な夢を胸に抱き、登録への道を歩み始めた人々がいた。世界遺産登録を目指した人々の軌跡をたどりつつ、「佐渡《さど》島の金山」の価値に迫る。

一学者の熱意、うねりに

佐渡金山が世界遺産を目指した歩みをさかのぼってゆくと、石見銀山（島根県大田市）を調査していたある歴史学者にたどりつく。

１９９６年、佐渡出身の元筑波大教授・田中圭一は、石見銀山の集落を訪ね歩いていた。当時、石見銀山はまだ世界遺産になっておらず、島根県は登録に向けて価値を証明するための調査に取り組んでいた。田中は島根県の要請を受け、鉱山史の専門家として現地を調査していた。

「現場を自分の目で見て確かめることこそ、歴史を見ることになる」との信念があった。村人に会い、古文書をひもとき、一つ一つ丁寧に記録を取った。銀山近くの温泉に入っているときですら、古老が延々と語る昔話に喜んで耳を傾けたという。

調査に打ち込みつつ、文化庁の担当者や専門家らと情報を交換するうち、ある思いが田中の胸の内に膨らんでいった。

道遊の割戸から望んだ相川の町並み。鉱脈を手作業で掘り出し、巨大な絶壁が生まれた＝佐渡市相川地区（本社小型無人機から）

「石見が世界遺産を目指すのなら、佐渡も目指すべきではないか」

４００年以上にも及ぶ歴史の中で、膨大な金と銀を産出し、採掘や製錬、鉱山町の痕跡が無数に残る上に、幕府が記録した古文書が大量に確認されている佐渡は、決して石見に見劣りしなかった。こうした思いは後に佐渡の人々の共感を呼び、運動のうねりとなっていった。

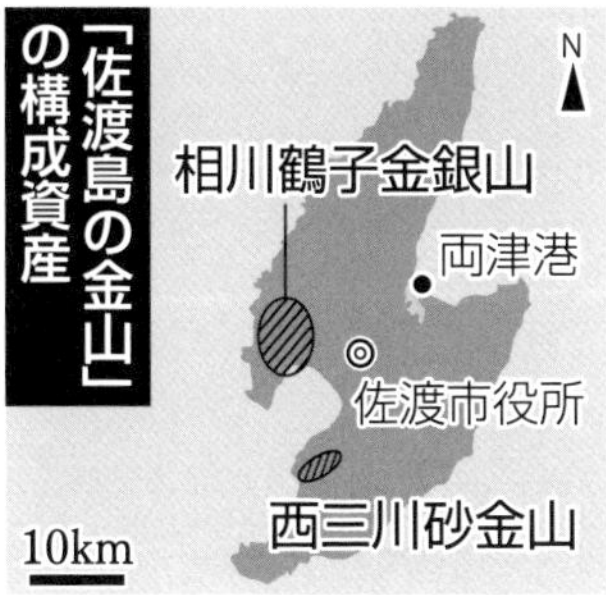

◇　◇

田中は、高校の歴史教師から、筑波大教授に転身した異色の経歴を持つ。

１９３１年、佐渡市金井地区で生まれ、新潟大で経済と歴史を学び、佐渡島内で高校教師になった。地元の郷土史家から古文書の読み方を教わり、村の青年たちと歴史の勉強会を開いて研さんを積んだ。休日には、古い絵図を手に鉱山跡を巡った。

１９８７年、長年の研究の集大成となる論文「佐渡金銀山の史的研究」が評価され、筑波大の博士号を取得。翌年、同大教授に就任した。

こうして積み上げた研究は後年、世界遺産登録のための調査に大いに役立った。佐渡市の担当者は「田中先生は古文書を現代語に訳し、遺跡の現地調査でも案内をしてくれた」と語る。

◇　◇

「佐渡を世界遺産に」。１９９７年11月、田中の思いに共感した郷土史家や教師ら24人が集い、「世界文化遺産を考える会」を立ち上げた。会長には田中が就任。この団体は後に、佐渡市の市民団体「佐渡を世界遺産にする会」として引き継がれた。田中は87歳だった２０１８年、夢半ばでこの世を去ったが、「佐渡を世界遺産にする会」は現在も民間の運動の中心を担っている。

佐渡金山に世界遺産としての価値があると考えた田中が、なぜ島内の賛同を得られたのか。その謎を解く鍵の一つは、石見銀山との価値の比較にあった。

「石見銀山」調べ思い強める

なぜ、元筑波大教授・田中圭一は、佐渡金山が世界遺産を目指すべきだと考えたのか。

「佐渡金山が日本一の鉱山だからでしょう」。田中と島根県大田市の石見銀山を調査した経験のある石見

田中圭一氏

銀山資料館館長・仲野義文は明言する。「当時の最先端の技術を取り入れ、システマチックな生産体制をつくり大量の金銀を生産した。世界遺産に値すると考えたのは当然といえる」

２００７年に世界遺産に登録された石見銀山は、16世紀から手作業で銀を掘り製錬し、良質な銀を大量に生み出し世界に流通させ、経済と文化の交流に貢献した。仲野は「佐渡は石見の技術を取り入れ、高めて完成させた。鉱山の歴史を見るには、石見と佐渡の両方を見るのがいい」と説明する。

復元された御役所が立つ佐渡奉行所跡。奉行所は幕府が佐渡を重視した証しでもある＝佐渡市相川地区

実際、佐渡金山は、17世紀からの４００年間に金78トン、銀も２３３０トンを産出した＝40ページの表参照＝。坑道の総延長は、相川金銀山だけでも約４００キロに及ぶ。江戸時代、幕府は佐渡を重要な収入源とみなし、幕末まで奉行所を置いた。

奉行所には絵師がおり、鉱山の状況を幕府へ報告するために膨大な記録を残した。絵巻だけでも県内の約40点をはじめ、写本を含め約１５０点が国内外で確認されている。

一方で、大田市によると石見銀山の総産出量は明らかになっていないが、17世紀当初に年間40～60トンほどの銀を産出していたと推定されるという。これは、当時の世界の総産出量のうち少なくとも1割に当たると考えられている。

石見の坑道の長さは約100キロ。当初、佐渡と同じように奉行が統治していたが、産出量が減少したため1675年に代官に切り替わった。現存する絵図は3点のみだ。

坑道の土でつくる陶芸「無名異焼」はかつて、佐渡と石見の両方にあった。石見では、既に継承されていないが、佐渡では人間国宝の陶芸家を輩出するまでに高められた。

佐渡金山と石見銀山の比較

	佐渡	石見
金銀の生産量	17世紀からの400年で金約78トン、銀約2330トン	銀を年間40～60トン(17世紀当初)
坑道の長さ	約400キロ(相川金銀山)	約100キロ
鉱山町の人口	最大5万人(相川)	3～5万人(大森町と周辺)
絵巻・絵図の数	絵巻だけで約150点	絵図3点
世界遺産登録の状況	推薦に向けて準備中	2007年に登録済み

産出量や文化度に誇り

田中と共に石見銀山の調査をしていた大田市石見銀山課長補佐・中田健一は「田中先生は、佐渡の金銀の産出量や文化度の高さに誇りを持っていた」と語る。

佐渡に誇りを抱きつつも、田中は石見の世界遺産登録のために力を尽くした。元大田市教育長・大國晴雄は「文献調査団の主力として、石見と佐渡を比較しつつ多くの論考を発表し、指導と助言を与えてくれた」と述懐する。

石見銀山はその後、２００１年に世界遺産登録の前提となる「暫定リスト」に記載され、２００６年に政府が推薦書を国連教育科学文化機関（ユネスコ）に提出した。２００７年、ユネスコ諮問機関に「登録延期」の勧告を出されるが、最終決定の場の世界遺産委員会で逆転登録を勝ち取った。１９９５年に取り組み始めてから、12年での悲願達成だった。

翻って佐渡は、１９９７年に田中らが登録に向けた活動をスタートさせたものの、いまだ登録を果たしていない。佐渡と石見の道のりを分けたもの―。それは「草の根」と「トップダウン」の違いだった。

トップダウンの島根と差

石見銀山（島根県大田市）と佐渡金山の歩んだ道のりは対照的だった。

１９９３年ごろから、文化庁の調査官が島根県の文化財担当者に「石見銀山は世界遺産になり得る」と示唆していた。県担当者は「県の事業として取り組めるのでは」と考え、島根県知事・澄田信義に構想を伝達。１９９５年、澄田は世界遺産の登録に向けた検討を始めると表明した。県が主導する〝トップダウン〟の取り組みとしてスタートした。

その後、県は石見銀山を調査し報告書をまとめ、２００１年に世界遺産登録の前提となる暫定リストに載った。そして２００６年、政府は石見銀山を世界遺産候補として国連教育科学文化機関（ユネスコ）に推薦した。

ところが2007年5月、ユネスコ諮問機関は石見銀山の価値の証明が不十分として「登録延期」を勧告した。危機感を覚えたある関係者は、「参院のドン」の異名を持つ島根県選出の参院議員・青木幹雄に連絡して協力を求めた。青木は当時のユネスコ代表部大使・近藤誠一と直接会い、「何とかして登録を」と頼んだ。

近藤は「世界が協力して遺跡を守るのが世界遺産条約の精神。もし1カ国でも反対があれば、諦めるつもりだった」と明かす。日本以外の当時の世界遺産委員会20カ国の代表を訪ねて回り、石見銀山が植林で森の保護もしていた「環境に優しい鉱山」だと伝えて、価値への理解を求めた。

懸命の説得が実り、世界遺産委は2007年6月に逆転で登録を決定。地元と中央の政官界が一体となって勝ち取った登録だった。

石見銀山の鉱山集落、大森町。住民が古民家を改修し、町並みを保存している＝島根県大田市

佐渡は〝草の根〟市民の動きに県鈍く

一方、佐渡の世界遺産運動は、全くの〝草の根〟から始まる。歴史学者・田中圭一らが「佐渡は世界遺産として十分に通用する価値がある」「郷土の遺産に誇りを持ち、残すことが大切」と周囲に繰り返し伝え、郷土史家や教育関係者らの共感を得た。

田中らは1997年11月、登録を後押しするため「世界文化遺産を考える会」を立ち上げ、遺跡の研究をしたり、講演会を開いたりして機運醸成を図った。

しかし、市町村レベルから国や県に登録を訴えるのは、全国的に見ても極めて異例で、また、世界遺産そのものの知名度もまだ低かった。1997年の新潟県議会12月定例会で知事・平山征夫は「なかなか容易ではない」「市町村の取り組みを見守りながら、必要があれば対応を検討する」と答弁。前向きさは見られなかった。

佐渡島内の10自治体でつくる市町村会は1998年、独自の予算で遺跡の調査をスタート。2003年には旧相川町の有志が「佐渡金銀山友の会」を設立、相川小児童と一緒に新潟駅前でビラを配るなどしてPRに努めた。

こうした地元の熱意が県に届き、県は2006年から世界遺産の登録に向けた取り組みを本格化。同年、佐渡市とともに「金と銀の島、佐渡」と題する提案書を文化庁へ提出した。

文化庁は2008年9月、佐渡金銀山を暫定リスト入りさせる方針を示した。佐渡の関係者は喜びに沸いた。だが、それはすでに登録済みの石見銀山に追加登録する形で推薦する方針だったため、島根県側の猛反発を受けることになる。

追加登録、島根の反発受け白紙

２００８年９月、文化庁はすでに世界文化遺産に登録済みの石見銀山（島根県大田市）に追加・拡大する形で、佐渡を登録の前提となる「暫定リスト」に加える方針を示した。「佐渡に世界遺産としての価値があると認められた」。関係者は喜びに沸いた。

しかし、文化庁の方針に島根県側からは「昨年やっと登録されたばかりなのに、何で佐渡と統合しなきゃいけないのか」「石見の存在がかすんでしまうのでは」と不満や不安の声が上がった。

石見銀山は登録直前の２００７年５月、国連教育科学文化機関（ユネスコ）諮問機関の国際記念物遺跡会議（イコモス）から遺産の選定範囲が不十分として「登録延期」を勧告されていた。同年６月に勧告を覆す形で登録が決まったが、範囲の拡張に取り組んでいる最中だった。元大田市教育長・大國晴雄は「対応を急がなければならない中で、佐渡を追加するのは現実的ではなかった」と語る。

一方で、ある本県関係者は「島根県側から以前に『トキの分散飼育をさせてほしい』と打診があったので『世界遺産と取引してはどうか』という案もあった」と明かす。だが、そうした交渉は実際にまとまることはなく、政府は２００８年12月、島根県側の反発を理由に佐渡の暫定リスト入りを見送った。

当時の佐渡市長・髙野宏一郎は「統合すれば早期に登録を実現できると期待していたから、落胆した」と振り返る。観光坑道を運営するゴールデン佐渡の元社長・永松武彦も「佐渡の観光客が、石見にも興味を持つという相乗効果も期待できたのに」と惜しむ。

石見銀山と差異化、金中心に推薦書作り

２年後の２０１０年、佐渡は単独で暫定リスト入りした。ただ、ユネスコは同じ種類の登録は１国１件のみという方針のため、石見銀山との差異化を図りつつ、県と佐渡市は金を中心とした推薦書作りに取り組むことになった。

県は２０１４年10月、イコモス幹部ら２人の海外の専門家を招き意見を聞いた。幹部らは「金鉱山としての遺跡や街並みがよく残っている。非常にユニークだ」と評価した。

当時の県議・中野洸もイコモス幹部と直接、会話を交わした。幹部は「石見はイコモスが『登録延期』を勧告したのに、世界遺産委で逆転したのはいまだに不愉快に思っている。佐渡には十分、価値があるのだから、そんなことはしないでほしい」と話していたという。

「佐渡島の金山」の国内推薦を祝い、ちょうちん行列をする市民ら＝2022年３月、佐渡市相川地区

県と佐渡市は２０１５年に初めて、ユネスコに提出する推薦書の原案を文化庁へ送った。その後、国の文化審議会で選

外となる年が続いたが、5度目の挑戦となる2022年、政府は佐渡金山を国内候補としてユネスコに推薦した。

歴史学者・田中圭一や島の郷土史家らが、世界遺産への運動を始めて四半世紀が過ぎた。現在では佐渡金山の講演会や遺跡の草刈りに、大勢の人が参加するようになった。

田中の助手を務めた本間澪子は言う。「世界遺産の運動を通じて、佐渡の人が島の歴史に誇りを持てるようになるのが先生たちの願い。その願いはかないつつある」

今も稼働する南沢疎水道

電球に照らされたトンネルは幅・高さ約2メートル。天井はきれいな山型で、断面は将棋の駒に似た整った形をしている。佐渡市相川地区にある国史跡「南沢疎水道《みなみざわ》」は、相川金銀山の坑道から出た湧き水を海に排出するための全長約千メートルの水路だ。地表から約800メートルの深さにまで達する金鉱脈を追い求め、迷路のように広がる坑道の下で、完成から320年以上たった今も現役の施設として排水を続ける。

「信じがたい完成度と耐久性だ」。佐渡のほか石見銀山（島根県大田市）など全国の鉱山を研究する松江工業高等専門学校教授・久間《くま》英樹は、当時の技術力の高さに驚嘆する。見通して確かめることもできない地中で、たがねとつちだけを使った手掘りの跡に、考え、悩みながら掘り進めたエンジニア魂を感じるという。

良質な金を求め採掘が進められた金銀山では、開山１００年足らずで鉱石の採掘場所が海面の高さより低くなるほど開発が進んだ。一方で、坑内に入る湧き水や流入水が増え、処理が課題となった。排水のための費用は経営を圧迫。江戸時代中期ごろには金銀の産出量も減っていった。金山再活性化のために１６９１（元禄４）年に始まったのが、海に直接排水する南沢疎水道の掘削だった。

最高水準の測量、造形美

完成を急ぐため、「六面掘り」という独特の工法を採用。まずは予定ルートの山側と海側の両方から掘る。その中間の地上部２カ所から斜めに掘り下げ、予定ルートの深さに達したら、その地点からも前後に掘る。計６カ所から同時に掘り進め、最終的に１本の水路として貫通させた。

距離や傾斜を計算したのが、振矩師《ふりがねし》（測量技術者）静野与右衛門《しずのようえもん》。西洋の測量技術を取り入れ、４８０方位の羅針盤など最先端かつ高精度の測量器具を駆使した。当時としては世界最高水準の技術だったとされる。

着工から５年後の１６９６年に完成した際、

技術者たちによって、短期間ながら丁寧に仕上げられた南沢疎水道＝佐渡市相川地区

貫通点での誤差は1メートル以内。久間は「両方から掘り進める迎え掘りでトンネル掘削したら、現代でも10メートルの誤差が出ることもある。まして六面掘りは今でも誰もやろうと思わない」と評価する。

工期短縮を図った一方で、南沢疎水道は天井に「蜘蛛《くも》の巣間切《すけんぎり》」と呼ばれる化粧彫りが施されている。造形美さえ感じさせ、技術を見せつけているようだ。

水を流すだけのトンネルをなぜ丁寧に仕上げる必要があったのか。佐渡市世界遺産推進課課長補佐・宇佐美亮は「工事は金銀山で働き、知識や経験がある人が担った。6カ所から掘って、グループごとに技術を競わせていたのではないか」とみる。

疎水道の完成で水没していた坑道が復活し、排水にかけていた人件費などコスト削減につながった。その後、明治、大正、昭和、平成と金銀山の経営を支えた。

南沢疎水道を管理するゴールデン佐渡（佐渡市下相川）の社長・河野雅利は「鎖国の時代、幕府直轄地だったからこそ、西洋の技術も導入できた。金山が幕府にとっていかに重要な存在だったかを示している」と話す。

世界文化遺産登録に向け、ゴールデン佐渡は今後、資料館の南沢疎水道関連の展示を充実させ、発信を

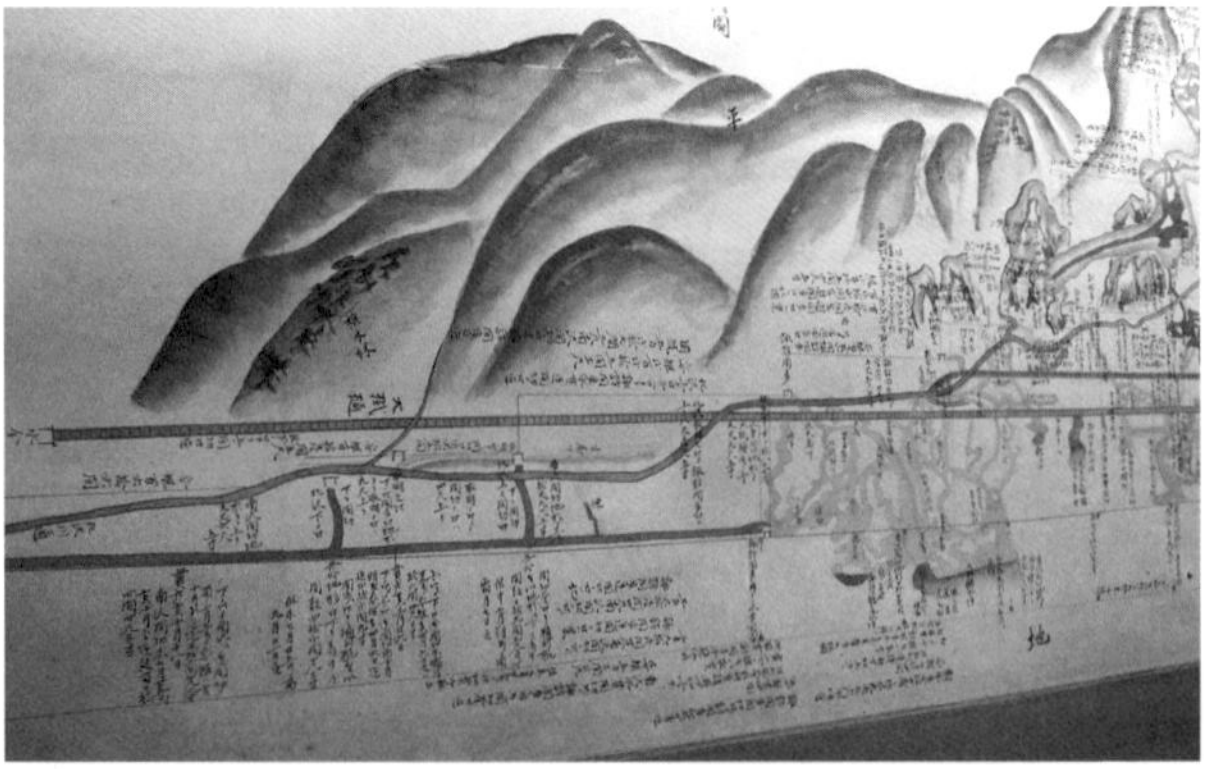

江戸時代に作成された金銀山の測量図の一部

強化していくつもりだ。

「西三川砂金山」 地形変えた開発跡が現存

西三川砂金山のある、約30世帯が住む佐渡市笹川集落の集会で、文化庁職員が再生したのは世界遺産を解説するビデオだった。「あまりイメージが湧かない」。海外の風景の映像に、元区長・臼杵《うすき》望は戸惑ったことを覚えている。

２００７年、文化庁職員が集落を訪れたのは、笹川集落の保全について住民に理解を求めるためだった。世界遺産登録には、「重要文化的景観」など国内の制度で史跡を守る体制が整っていることが前提になるからだ。

集落は戦国時代末期から江戸時代にかけて砂金採掘で栄え、１８７２（明治５）年の閉山後は農業で生活を続けてきた。砂金取りは体験施設「佐渡西三川ゴールドパーク」やイベントなど発信の場があったが、集落と採掘跡を守り伝えようという活動はほとんどなかったという。

島内の登録活動は当時、観光坑道のある相川地区を中心に始まっていた。臼杵にとって西三川砂金山は「見ただけではどこがすごいか分からない、当たり前に暮らしてきた場所」。世界的に認められる想像がつかなかった。

しかし、住民同士で学び合い、専門家の話を聞くうち、西三川砂金山を中心とする集落そのものが手作業と水の力で地形を変える開発が行われた跡が残る貴重な遺跡だと、考えるようになった。

当時行われていた「大流し」と呼ばれる砂金採取はダイナミックな土木工事だった。砂金が含まれている山を切り崩し、山中に造った堤から一気に水を流すことで、余分な土砂を洗い流す。その後、流されずに沈んだ砂金を探した。戦国末期、一帯を支配していた大名・上杉氏に納めた砂金は月に約2・9キロ。造った水路は最長9キロに及ぶものもある。江戸時代の文献には昔は山だった場所が谷になったとの記述も残る。

集落の北にある五社屋山《ごしゃややま》では現在も、山を崩した際に出た余分な石「ガラ石」が地面を覆い、この場所でどれだけの山が切り崩されたのかを物語る。砂金の採掘が繰り返され、集落周辺には急斜面や平らな場所が連なる独特な地形ができた。

採掘で出るガラ石で覆われた五社屋山。再利用して作られた小屋の跡も残る＝佐渡市の笹川集落

住民が議論、継承を決意

しかし、集落が最初から保存でまとまっていたわけではなかった。暮らしに影響が出ることもあるからだ。当時の地形のまま残すには、道路の敷設など開発に制限がかかる。また、観光地になり、人が大勢来

るのではないかという懸念もあった。「住民で意見がぶつかることもあった」と臼杵は振り返る。だが、そこで地域について話し合えたことは、意識が変わるきっかけにもなった。住民による「笹川の景観を守る会」が２０１０年に発足。ガイド活動や草刈りなどに動き出した。役員は30～70代と幅広い世代が務め、定期的に交代するなどして、一人一人が関わりを持った。

翌年、集落は重要文化的景観に選定された。保全の仕組みが整い、世界遺産推薦への道筋が付くと、住民は集落を守るべきだという思いで、よりまとまっていった。

砂金を採取する西三川と金鉱石を採掘する相川がそろい、一つの島でそれぞれに合わせた技術の違いを見られることも、佐渡金山の世界遺産としての価値を高めている。

守る会会長・金子一雄は「地元の意識は変わってきている。未来へ伝えていきたい」と前を向いた。

先行地を視察、世界と比較し強み確信

「これなら、佐渡も引けを取らない」。県世界遺産登録推進室の専門調査員・尾﨑高宏らは２０１５年秋、スペインの世界遺産「ラス・メドゥラス」の砂金山遺跡を展望台から見下ろし、確信した。飛行機を乗り継ぎ、日本から2日近くかけて訪ねた遺跡では1～3世紀、山頂から掘り下げた穴に、水を一気に流して土砂崩れを発生させる方法で砂金を採っていた。複雑な形の痕跡が残り、景勝地として知られている。

訪れた目的は、鉱山関連の世界遺産の視察や、海外の研究者との意見交換だ。世界遺産登録のために国連教育科学文化機関（ユネスコ）に提出する推薦書では、他の世界遺産や候補に挙がっている遺産との違

いを示すことが求められる。県では登録推進に乗り出した2006年ごろから、担当者が各地を視察した。

水圧で山を崩したラス・メドゥラスと、手作業で崩した山を水で洗う西三川砂金山。水の力を使う点が似ており、特に説明が必要だと県は考えていた。ラス・メドゥラスは3世紀までの技術を示す遺跡として登録されている。一方、西三川は16世紀以降の遺跡。近世の採掘法を伝える物として登録の価値があることが、視察で改めて確認できた。

また、ラス・メドゥラスには当時の住居跡はあったが、現在そこに住む人はいない。一方、西三川や相川は今でも当時と同じ位置に住宅が建っていたり、子孫が暮らしていたりして、鉱山集落の跡が豊富に残っている。尾崎は「技術だけでなく社会性まで分かるのは佐渡の強みだ」と感じた。

世界遺産ラス・メドゥラス。頂上から山を水圧で崩し、崖のような地形が生まれた＝2015年、スペイン（県提供）

技術や文化、独自性多く

金鉱山関連の世界遺産では他に、バンスカー・シュティアヴニツァ歴史都市と近隣の工業建物群（スロバキア）などを訪問。それらは西洋の伝統的な町並みの貴重さなどに重点を置いており、手作業による採掘や製錬の遺構が数多く残る佐渡とは異なっていることも分かった。尾崎は「どう説明すれば佐渡の強みが伝わるか明らかにできた」と自信を見せる。

新潟大の研究者らも海外調査に渡った。新潟大名誉教授・橋本博文は２００８年ごろ、バンスカー・シュティアヴニツァなど欧州の鉱山を訪ねた。教会建築や、坑道の中に置かれたマリア像を見て「どこの国でも、危険と隣り合わせの鉱山は信仰と結び付いているんだ」と気付いた。

世界遺産は欧州に多い。ユネスコ内ではキリスト教関連の遺産に偏っているという指摘があり、現在は異なる文化を持つ遺産の登録が進められている。佐渡では山の神の心が和らぐよう祈る芸能「やわらぎ」に代表されるように、労働者によって信仰や文化が育まれた。「日本の鉱山と信仰との関連は、欧州の鉱山と比べて特徴的だ」と語る。

佐渡金山に残る豊富な遺構と史料は、世界全体の鉱業史を理解する上で欠かせない。橋本は「佐渡のため、日本のための登録ではなく、世界のための遺産なんだという気持ちで取り組まなければならない」と力を込めた。

第3部　絡み合う四半世紀　軍艦島と佐渡

「佐渡《さど》島の金山」が世界文化遺産登録を目指す上で、避けては通れない先例がある。長崎市の端島《はしま》（通称・軍艦島）をはじめとした「明治日本の産業革命遺産」だ。登録を目指す動きが起こったのは、佐渡と近いほぼ四半世紀前。韓国から「朝鮮半島出身者が強制労働させられた場」との批判を受け、国内推薦の過程では当時の首相・安倍晋三らが政治力で局面を動かすなど似通った経緯をたどる。佐渡と絡み合う「明治日本」の現地を訪ね、世界遺産登録までの道のりや当事者の思い、佐渡の針路へのヒントを探る。

「洋上都市」光と影、異様な姿

2023年1月下旬の午前7時ごろ。夜明けとともに水平線に現れたシルエットは、まさに海に浮かぶ軍艦のようだ。しかし、決して動くことのない異様な姿は、緊張感を高める。

正体は「軍艦島」こと長崎市の無人島、端島だ。直線で約5キロ離れた本土の漁村、野母崎《のもざき》地区の野々串港から小さな漁船に乗り込み、島へと出発した。

白波を立てて疾走する船は小刻みに揺れる。甲板に身をかがめていると、黒ずんだ巨大ビル群が眼前に迫ってきた。東京ドーム1・3個分ほどの面積に、60年前には約5300人が暮らしていた。人口密度は東京の約9倍。〝洋上都市〟だった面影をしのばせる。

しかし、軍艦島は韓国から「強制労働」の象徴と非難されてもいる。

幕末から明治期にかけ、日本の重工業発展の礎となった炭鉱や工場などの遺産をまとめた明治日本。登録に反対する韓国は、激しいロビー活動を水面下で展開した。

「明治日本の産業革命遺産」の象徴とされる端島（通称・軍艦島）。島の西側に、廃虚と化した高層住宅が立ち並ぶ＝長崎市（小型無人機から）

2015年に開かれた世界遺産委員会の席上、日本政府が「意思に反して連れてこられ、厳しい環境で働かされた多くの朝鮮半島出身者らがいた」と表明したことで、ようやく登録された。

だが、火種はくすぶり続ける。戦時中の朝鮮半島出身者らの徴用に関する説明を巡り、世界遺産委は2021年7月、日本政府の対応を不十分だとし、改善を求める決議をした。韓国は明治日本の対応を理由に、佐渡金山の世界遺産登録にも反発している。

軍艦島の元島民の一人は強く訴える。「戦時中、朝鮮半島の人は確かにいた。だが、差別的な扱いはしていない」

禍根の源流ともなっている軍艦島とはどのような島なのか。港を出て約10分、取材班を乗せた船は桟橋に接岸した。

荒廃、重なる負の印象

軍艦島の東側にある桟橋から一歩足を踏み入れると、そこは廃虚の様相だった。

軍艦島は人工島で、ボタと呼ばれる石炭くずを埋め立てて築かれた。閉島は1974年。間もなく半世紀を迎える。

坑道につながる竪坑《たてこう》や貯炭場、石炭を運ぶベルトコンベヤーなどがあった一帯はいま、一面に石やレンガの残骸が散らばる。10センチほどの厚みがあるコンクリート壁は真っ二つに割れ、鉄筋が露出している。

「ものすごいがれきやろ」。取材班を案内した漁船「第7ゑびす丸」の船長で、島を所有する長崎市から安全点検も請け負う馬場広徳（62）は、張りのある声で説明した。台風のたびに、高波や風雨が島に打ち付け、建物や地盤を壊し続けている。

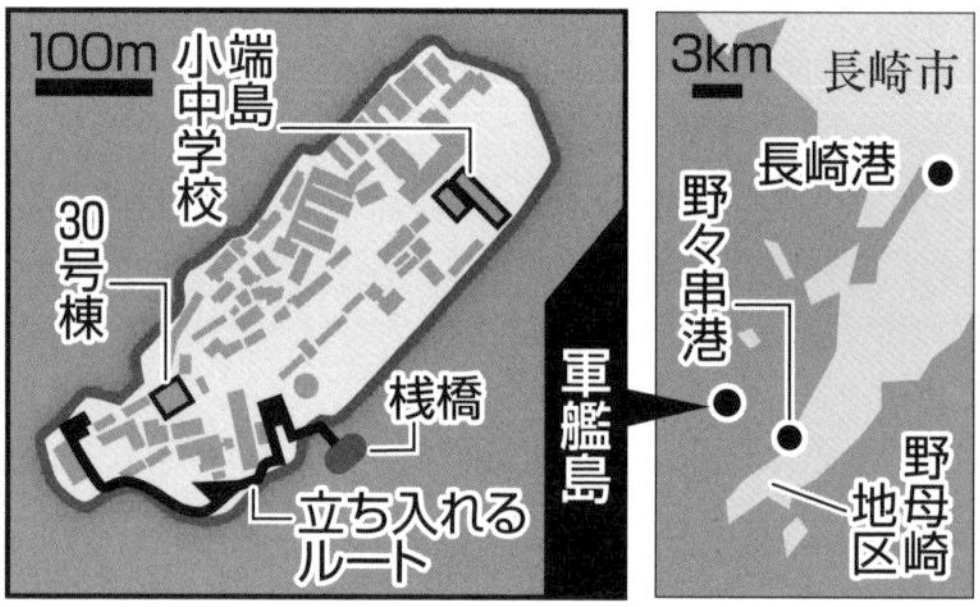

日本最古の鉄筋コンクリート造りのアパート「30号棟」を案内する馬場広徳。２年ほど前から壁や床の崩落が大きくなっているという＝長崎市の軍艦島

補修に当たる作業員らを除き、指定された通路以外の立ち入りは許されていない。島の西部に歩を進めると、１９１６（大正５）年に建設された国内最古の鉄筋コンクリート造りのアパート「30号棟」が姿を現す。窓ガラスは全て失われ、外壁や床も至る所で崩落。骨組みがあらわになっていた。

「2年ほど前から大きく崩れ始めた。昨年の夏ごろが寿命だといわれていたが、なんとか生き残っとる」と馬場。「島を閉じる時、電化製品や茶わんを部屋に置いたまま出た人もいる」と紹介してくれたが、近づくことはできない。

再び船に乗り、島の北部へ回った。小中学校跡は増築されたという最上階がぺしゃんこにつぶれていた。「もっと中を見たい」「島はこの先どうなるのか」―。後ろ髪を引かれる思いを抱きながら、1時間ほどで島を後にした。

元住民にもどかしさも

韓国からの「強制労働の場」との指摘に加え、荒廃した現状が相まって、負のイメージで語られることも多い軍艦島。しかし、炭鉱作業員だった父と共に、中学生まで島で暮らした木下稔（69）は、韓国の主張を「どこの話をしているのだろうか」と批判する。

島は１８９０（明治23）年に三菱が購入し、操業が本格化。国内では電気を動力に使う炭鉱の先駆けとなったほか、炭質の良さから八幡製鉄所（北九州市）をはじめとした工業用の燃料に使われ、産業革命を支えた。

採掘には高度な技術を必要とし、生命の危険も伴った。炭鉱長を父に持つ元島民の中村陽一（84）は「経験の浅い朝鮮半島出身者だけを坑内に入れれば、間違いなく事故が起きる」と断言する。

その上、島は風などを遮るものもなく、厳しい自然環境にもさらされる。「みんな分け隔てなく、助け合わなければ暮らせなかった」と木下。「強制労働の場」だったとして同様の批判を浴びる佐渡に対しても、「負けずに真実を伝える努力を続けてほしい」と力を込めた。

軍艦島の意義や価値を語る元島民たちが世界遺産を目指したころ、同じ長崎県内ではもう一つの候補と国内推薦を巡って対立する事態に陥っていた。

割り込み、長崎の2遺産に明暗

ＪＲ長崎駅から約2キロ、グラバー通りの坂を上ると荘厳な教会が目に飛び込んでくる。世界文化遺産「長崎と天草地方の潜伏キリシタン関連遺産」を代表する、大浦天主堂だ。この遺産が登録されたのは２０１８年。本来なら、国内推薦はその5年前にされるはずだった。

地元では２００２年に学者や建築家らが民間組織を立ち上げ、世界遺産登録へ活動を進めていた。県も博物館や美術館を整備し、機運を盛り上げてきた。

文化庁の公募に手を挙げ、２００７年に暫定リスト入りすると、２０１３年8月には文化審議会が国連教育科学文化機関（ユネスコ）への推薦候補として答申。いよいよというところまで来ていた。

しかし―。「明治日本の産業革命遺産」が同時期に内閣官房の有識者会議で推薦され、候補へと一気に躍り出た。競合する形となった二つの世界遺産候補。明治日本に関わった元鹿児島県知事・伊藤祐一郎（75）は当時の官房長官・菅義偉が「どうさばくかねえ」とこぼしていたことを覚えている。

ただ、「明治日本」には首相・安倍晋三のお膝元、山口県が含まれていた。さらに日本の近代化を支えた遺産群のストーリーは、バブル崩壊後、自信を失っていた日本の国際的地位向上を目指す安倍の信条とも合致していた。

「潜伏キリシタン関連遺産」の象徴ともいえる大浦天主堂。「明治日本の産業革命遺産」と登録を巡って競合し、長崎は複雑な立ち位置にいた＝2023年１月、長崎市

「完全な官邸案件、総理プロジェクト」。関係者が口をそろえるほど道筋は付いていた。政府は2013年9月、あっさりと明治日本に軍配を上げた。

「官邸主導」で順序覆す

明治日本は2008年に暫定リスト入りし、1年先に入っていた「潜伏キリシタン」は割りを食う形となった。文化審を所管する、文部科学相だった自民党の衆院議員、下村博文（68）は当時を振り返り「答申が通らず、順番が逆になったのは率直に残念だった。準備と根回しの差が出た」と唇をかんだ。

文化審の答申通りに推薦されず、政治力で状況が一変する――。後に「佐渡島《さど》の金山」がたどる経路と似た状況はこの時、既に起きていた。

明治日本が世界遺産登録されたのは２０１５年。長崎にとって、その年は記念の年でもあった。当時長崎県知事だった中村法道《ほうどう》（72）は「（江戸幕府の禁教令下で信仰を守ってきた）信徒発見からちょうど１５０年。何としてもその年に登録実現したかった」と悔しさをにじませる。

中村は長崎市とともに潜伏キリシタンの国内推薦を先にするよう政府へ再三申し入れてきたが、かなわなかった。

一方、長崎は明治日本の主力ともいえる端島（通称・軍艦島）や現役の造船所のドック、巨大クレーンも地元の資源としていた。中村は「いずれも県にとっては重要な資源に変わりない」と苦しい胸の内を明かす。結局、難色を示していた長崎県も明治日本の国内推薦が決まって以降は登録へ向け尽力した。

明治日本の特徴は８県11市の複数の遺産を一つにまとめる「シリアルノミネーション」だ。なぜ、これほど多くの自治体を巻き込んだ遺産になったのか。その成り立ちは一地域の幕末資産から始まった。

九州全域へ働きかけ

眼前に雄大な桜島を望む鹿児島市のほぼ中央、薩摩藩主島津家の別邸「仙巌園《せんがん》」。その一角に鉄製大砲を鋳造した「反射炉」の跡がある。２０１５年に世界文化遺産となった「明治日本の産業革命遺産」の一つであり、世界遺産登録に向けたうねりの原点でもある。

園を管理する島津興業は１９９４年から反射炉などの発掘調査を進めてきた。炉を含む工場群「旧集成館」の顕彰事業に協力を求めた相手が、加藤康子《こうこ》。元農相加藤六月の長女で元首相安倍晋三とも親交が深く、内閣官房参与も務めた人物だ。後に「明治日本」の世界遺産登録へ中心的な役割を果たすことになる。加藤は親交のあった産業遺産の権威、スチュワート・スミスを英国から招き、集成館を案内。長崎の造船所や炭鉱なども紹介して回った。

スミスは九州各地の近代化遺産をまとめれば世界遺産となる可能性を示唆した。加藤は新潟日報社の取材に応じなかったが、明治日本の登録記念誌に「スミス先生の言葉がこの大構想のキックオフとなった」と記している。

登録へ協力を持ちかけられた当時の鹿児島県知事・伊藤祐一郎（75）は「当初は遺跡の活用を（世界遺産ではなく）特区のようなローカルプロジェクトとして立ち上げるつもりだった」と明かす。とはいえ、地方限定の事業では先が見えていることも事実だった。

「日本は幕末からわずか50年で世界でも有数の工業国家になった。その近代化を証拠立てるストーリーは面白かった」。伊藤は話に乗った。世界遺産登録に向けて、近代化遺産の保存・活用を共通政策とするよう九州全域に働きかけ、各地の自治体を束ねた。

稼働資産の扱いに課題も

一方で加藤はスミスのほか、日本の文化庁長官に当たる英国イングリッシュ・ヘリテージ総裁のニール・コソンら海外の有力な識者を引き入れ、明治日本の構想を練り上げていった。

登録に向けた専門家委員会の委員長だった国学院大教授西村幸夫（70）は「複数の遺産を一つにまとめるシリアルノミネーションは世界の潮流だった。これだけの世界的権威が最初から主導した世界遺産も国内では例がない」と語る。

構成資産に造船所ドックや製鉄所など現役で稼働しているものが含まれるのも国内初のケース。保全に適用する法律もなかった。加藤は政府関係者を説得し、国内推薦を一手に担ってきた文化庁ではなく、内閣官房を後ろ盾にした。

「佐渡《さど》島の金山」と時期が近い2008年に世界遺産の暫定リスト入りし、政治力を追い風に一気に国内推薦にまで上り詰めた明治日本。非西欧諸国で最も早く近代化を成し遂げたストーリーへの評価は高いものの、登録に関わった専門家からは「加藤さんと海外の専門家だけで秘密裏に議論が進み、現役で稼働する資産を守るシステムも曖昧。非常に危うい」との指摘もある。

さらに、明治日本には端島（通称・軍艦島）など複数の炭鉱や工場が含まれており、関係者の間では早い段階から「強制労働の観点で外交問題に発展する」という懸念もささやかれていた。その不安は最後の審査の場で現実のものとなる。

徴用巡り解釈にずれ

2015年5月、「明治日本の産業革命遺産」は世界遺産へ正念場を迎えていた。国連教育科学文化機関（ユネスコ）の諮問機関・イコモスが登録を勧告し、学術的な価値は認められた。ただ、登録に反対する韓国との調整という最大の難題が残されていたからだ。

韓国は大統領・朴槿恵《パククネ》自らが世界遺産委の委員国を回り、登録阻止を呼びかけた。「強制労働の歴史に目を背けている」。ユネスコ事務局長にも登録反対を伝えるなど激しさを増していた。

日本は外務省や内閣府の副大臣、政務官を首相・安倍晋三の特使として委員国に派遣し、理解を求めた。「明治日本」は首相官邸の主導で進められており、ここまできて失敗することは許されない。メンツを懸けた「票取り合戦」（特使の一人）の様相を呈した。

そうした中、６月にあった日韓外相会談。当時の外相・岸田文雄は韓国が推薦した「百済の歴史地区」と合わせ「日韓は登録へ協力することで、完全に一致した」と言い切った。笑顔で両外相が握手する姿に、政府関係者は「これで終わった」と胸をなで下ろした。

しかし、安堵《あんど》したのもつかの間、７月にドイツ・ボンで開かれた世界遺産委で問題は再燃する。焦点は審議における韓国の発言案に「ｆｏｒｃｅｄ　ｌａｂｏｒ（強制労働）」があったことだ。国際的に法令違反を指す言葉で、日本としては受け入れられない。会場の外では韓国の市民団体が軍艦島を取り上げて登録に反対するビラを配り、騒然とした雰囲気に包まれていた。

土壇場で歩み寄り決断

土壇場での事態に、現地入りした長崎県知事・中村法道《ほうどう》（72）は各国代表を探しては説明して回った。中には長崎の構成資産を案内した顔なじみもいたが、「話すら聞いてもらえないこともあった」とこぼす。

ボンで奔走した自治体関係者は苦々しく振り返る。「外務省の詰めが甘かった。多くのものを背負ってここまで来たのに、最後の最後で駄目になると思った」

登録はルール上、日韓を含む21の委員国のうち3分の2以上の賛成で決まるが、人類共通の遺産を登録する理念から全会一致が原則だ。関係者によると、議長国ドイツが多数決を嫌い、日韓での調整を促した。日本としては「審議延期」となるのは、避けたい事情があった。委員国の任期が日本は２０１５年で切れる一方、韓国は翌年も残る。先送りされれば分が悪くなるのは目に見えていた。

予定より審議が1日遅れる異例の事態に陥る中、日韓は歩み寄りを決断する。妥協点は「ｆｏｒｃｅｄ ｔｏ ｗｏｒｋ（働かされた）」という表現だった。

全会一致で登録が決まった直後、ユネスコ大使の佐藤地《くに》は「厳しい環境で働かされた多くの朝鮮半島出身者がいた」とスピーチし、犠牲者を記憶にとどめる措置を取るとも約束した。

ぎりぎりの外交交渉の末に生まれた「玉虫色」の表現。登録は勝ち取ったものの、薄氷の決着はさらなる日韓対立を生む引き金となっていく。

一方、軍艦島と同じ九州の炭鉱の中には、早くから戦時中の歴史を伝えている地域もあった。

福岡・大牟田　各地に建つ慰霊碑

国連教育科学文化機関（ユネスコ）世界遺産委員会での韓国との対立を乗り切り、ようやく世界遺産登録を果たした「明治日本の産業革命遺産」。２０１５年、日本政府が国際社会の場で「厳しい環境で働かされた朝鮮半島出身者がいた」と語るより前から、戦時中の記憶を伝えている地域がある。同じ「明治日本」の構成資産の一つ、三池炭鉱を持つ福岡県大牟田市だ。

市内の小高い丘にある甘木公園。眼下に炭鉱跡を見渡せる一角に、徴用犠牲者を悼む慰霊碑が建つ。使われている石は韓国産。１９９５年に完成した碑の建立文にはこう刻まれている。「第二次世界大戦時下、この地に徴用され、労苦の果てに亡くなられた方々の御霊《みたま》に対し、深甚なる哀悼の意を表する」

慰霊碑の費用は炭鉱を運営していた企業3社が拠出。公園を所有する大牟田市が設置場所を無償提供した。建立されて以降、毎年4月にこの場所で犠牲者の追悼式典が開かれている。

三池炭鉱に関わる遺産を案内しているＮＰＯ法人「大牟田・荒尾炭鉱のまちファンクラブ」の副理事長、藤木雄二（68）は「式典には市長や企業幹部が顔をそろえる。地域の相互理解は進んでいる」と説く。

慰霊碑建立には朝鮮半島出身者が深く関わっていた。在日本大韓民国民団の大牟田支部で支団長を務める禹判根《ウパングン》（84）は１９８９年ごろ、事故などで亡くなった炭鉱従事者たちの遺骨がほとんど故郷に戻っていないことを知った。「せめて慰霊する碑だけでも残したい」。５年間、２５０回にわたって企業にかけ合い、ようやく費用を工面する了承を取り付けた。

春には桜が咲き誇るという慰霊碑の周囲は雑草もなく、驚くほどきれいに整えられている。同郷の仲間たちと管理を続ける禹は言い切る。「碑は守っていかないといけないものだ。日本人も韓国人も同じ人間なんだ、と伝えなければならない」

歴史を隠さず向き合う

大牟田市内には他にも、往時の姿を示す施設もある。市石炭産業科学館では戦時中、三池炭鉱に従事した朝鮮半島出身者が社宅の壁に書いた望郷の詩が、壁ごと展示されている。内容は完全に解読されていないが、出身地と思われる地名や人名が書き殴るようにつづられている。同館館長の坂井義哉(59)は「歴史を隠すつもりはない。慰霊碑の場所を提供したのも、やるべきものはやるという市の姿勢の表れだ」と強調する。

三池炭鉱では朝鮮半島出身者だけではなく、中国出身者や囚人が従事していた実態もある。大牟田市内にはそれぞれ、歴史を残すための石碑が至る所に建てられている。

大牟田ではなぜ、負ともいえる歴史を伝えているのか。20年以上、NPOの立場で向き合ってきた藤木は、慰霊碑を見つめながら答える。「次の世代に事実を伝えていくことが、世界遺産を持つわれわれの誇りだからだ」

一方で、韓国側が世界遺産委の場でも非難してきた軍艦島はどうだったのか。日本政府の考えは、東京に開設した施設にあった。

徴用犠牲者を悼む慰霊碑の前に立つ藤木雄二。歴史を伝える遺構の存在によって「地域の記憶に定着している」と語る＝福岡県大牟田市

展示施設に残る禍根

「犠牲者を記憶にとどめるために適切な措置を取る」―。２０１５年、ドイツでの国連教育科学文化機関（ユネスコ）世界遺産委員会の場で日本政府が述べた言葉は、戦時徴用された朝鮮半島出身者を念頭に置いた国際社会への約束だった。それを形にした施設が東京・新宿にある「産業遺産情報センター」だ。

入り組んだ住宅街の一角、総務省第2庁舎別館。２０２０年3月に開設した建物に入ると、大型のパネルやモニターが並ぶ。三つのゾーンに分かれ、「明治日本の産業革命遺産」の成り立ちから世界遺産登録まで、全体像が紹介されている。

中でも特別にスペースを割いているのが端島（通称・軍艦島）に関するゾーンだ。壁面に並ぶ元島民16人の巨大な写真がひときわ目を引く。「明治日本」の世界遺産登録の中心人物でセンター長を務める加藤康《こう》子《こ》らが16人を含む元島民に聞き取り調査。戦時中を含めた往時の実態に関する証言を1次資料として展示している。

戦時中に徴用された朝鮮半島出身者が働いていたことを示す公文書は見られるものの、証言では在日韓国人2世の男性が差別的な扱いを否定。炭鉱に従事した元島民らも「強制労働はなかった」と口をそろえる。

センター開設当初からガイドを務める元島民の中村陽一（84）は語気に力を込める。「証言者は全員、軍艦島は強制労働も虐待もなかったと具体的に話している。誰が来ても真実を追究している、うそはついていないと説明している」

「差別ない」に韓国反発

だが、韓国政府はセンターの展示や説明に納得していない。「適切な措置が全く履行されていない」と強く反発。世界遺産委も2021年7月、改善を求め決議する事態に陥っている。

ただ、日本政府も黙っていなかった。2022年11月にユネスコへ提出した報告書で「これまで誠実に対応してきた」と強調。決議前に行われたユネスコによる現地調査では、日本側が一貫して訴えている、戦時中は朝鮮半島出身者を含む全国民が徴用の対象だったことが伝わっていないとし、「事前に分かれば容易に訂正できた不正確な情報が調査団に提供され、それを基に事実関係が判断された」と異論を唱えている。

こうした政府の対応に、国内でも評価は割れている。明治日本に関わった政府関係者は「強制労働の証拠を出してくれれば展示すると言えばいい。ボールは韓国側にある」と擁護。一方、別の関係者は「ヒアリングの証言は事実解明の手法として足りない。朝鮮半島出身の従事者が起こした裁判記録などのデータも基にすべきだ」と指摘する。

「産業遺産情報センター」の主任ガイドを務める中村陽一。「軍艦島を引き合いに佐渡金山も『差別があった島だ』と韓国に批判される。非常に嫌な気持ちだ」と吐露する＝東京都新宿区

新潟日報の紙面から

萩生田文科相が視察

世界遺産目指す佐渡金山

　萩生田光一文部科学相が1日、佐渡市を訪れ、世界文化遺産登録を目指す「佐《さ》渡《ど》島の金山」の史跡を視察した。萩生田文科相は視察後、国内推薦候補を選ぶ国の文化審議会について「私の責任で諮問しなければならないので、改めて現場を見て対応を考えたい」と述べた。

　視察は非公開で行われた。本年度に世界文化遺産登録の前提となる国内推薦を希望する候補地は、現時点で佐渡のみ。文化審議会は今夏以降に開かれる見通しで、地元の期待が高まっている。

　萩生田文科相は午後にジェットフォイルで両津港に到着。関係者によると、世界遺産に推薦する資産の一つ「史跡佐渡金山」（相川地区）を訪れ、江戸時代の採掘跡「宗太夫坑」や展示室などを視察。人形で再現した採掘作業に見入り、「手で掘っていたんですね」などと話したという。

　視察後、萩生田文科相は取材に対し「当時の皆さんの苦労を改めて感じた」と語った。

　萩生田文科相は1日、佐渡市のほかに長岡技術科学大（長岡市）も視察した。

史跡佐渡金山を視察した萩生田光一文科相（右から２人目）＝1日、佐渡市相川地区

萩生田光一文部科学省（当時）が佐渡市を訪れ、「佐渡島の金山」の史跡を視察したことを伝える2021年６月２日の紙面

佐渡金山 推薦書再提出へ

世界遺産 来年の登録断念

　政府が世界文化遺産として国連教育科学文化機関（ユネスコ）に推薦した「佐渡《さど》島の金山」について、末松信介文部科学相は28日、ユネスコから推薦書の不備を指摘されたため、来年2月までに再提出すると表明した。政府や県、佐渡市が目指していた2023年の登録は「難しい状況だ」と述べた。登録は早くても24年になる。

　文化庁によると、不備が指摘されたのは構成資産の一つである西三川砂金山に関する記述。同山では砂金を含んだ山を崩し、土を大量の水で洗い流すための水路が途切れつつも残されており、推薦書ではかつてはつながっていたと説明していた。しかし、ユネスコは途切れている箇所の「説明が欠落」と主張しているという。

　文科省の義本博司事務次官が27日にパリでユネスコ幹部と面会して理解を求めたが、折り合えなかった。本来であれば今年3月1日までにユネスコから佐渡の現地調査を行う諮問機関に推薦書を送付するはずだが、現在も送られておらず審査は止まったままだ。

　政府はこうした事態を27日夜まで地元の県や佐渡市に説明しなかった。文化庁は「外交上のやりとりだったため」と釈明した。

　文化庁は県や佐渡市と協議した上で推薦書を修正し、暫定版を9月末までに、正式版を来年2月1日までに提出する方針。末松氏は「苦渋の選択だ。地元自治体と協力し、提出へ最大限努力する」と述べた。

　ロシアで開催予定だった今年の世界遺産委員会は、ウクライナ侵攻で延期されており、情勢は不透明。国内では24年の世界遺産登録を目指す案件が複数あるが、文化庁の担当者は佐渡金山を優先する考えを示した。

　佐渡金山を巡っては、韓国が「戦時中に朝鮮半島出身者が強制労働させられた現場だ」と反発。昨年末に国の文化審議会が推薦候補に選定した際には、政府が一時推薦を見送る検討をした経緯もある。文化庁は「推薦書以外で指摘はなかった」とし、今回の事態とは関係ないと説明している。

　佐渡金山は「相川鶴子金銀山」と「西三川砂金山」の二つの鉱山遺跡で構成。17世紀に世界最大級の金の産出量を誇ったとされる。

関連記事 2面＝空白5カ月 説明なく、34面＝地元落胆 国へ不信感も

ユネスコは2022年２月、日本政府に推薦書の不備を指摘していた。ユネスコとの交渉は政府内で「極秘」とされた。５カ月後の同年７月28日、当時の文科相・末松信介氏は交渉を打ち切り、推薦書を再提出する方針を表明した（2022年７月29日付）

詳細な歴史説明なら反対せず

韓国・尹駐日大使インタビュー

国連教育科学文化機関（ユネスコ）の世界文化遺産登録を目指す「佐渡《さど》島の金山」の視察や、拉致被害者との面会のため来県した韓国の尹《ユン》徳敏《ドクミン》駐日大使が1日、新潟市内で新潟日報社の単独インタビューに応じた。佐渡金山について「世界遺産としての見どころはある」と評価。ただ戦時中の朝鮮人労働者に関する詳しい説明が必要と強調し「（説明があれば）韓国政府としては登録に反対しないと思う」と述べた。

ユン・ドクミン　1959年、ソウル出身。日本の慶応大で博士号（政治学）を取得した後、韓国外務省傘下の研究機関で教壇に立ち、次官級の国立外交院長などを歴任。2022年3月の大統領選では尹錫悦（ユン・ソンニョル）氏の陣営に入り、外交政策のブレーンを務めた。同7月から現職。

佐渡金山
「世界遺産の見どころある」

韓国政府は、佐渡金山を「朝鮮半島出身の労働者が強制労働させられた現場」とし、反発してきた。

尹大使は、ユネスコ世界遺産委員会が2021年、登録済みの「明治日本の産業革命遺産」を巡り、通称「軍艦島」での朝鮮人労働者など全体の歴史について詳しく説明するよう勧告したことに言及。「佐渡も、全体の歴史を含めた説明と、追悼の空間があってほしい」と語った。

佐渡金山での視察で印象に残ったこととして、人の手で掘り進めた鉱山であることを挙げ、「佐渡は観光地として競争力がある」と指摘。徴用の説明や追悼の空間の設置で「より多くの韓国人旅行者が訪れるだろう」と強調した。

韓国は来年、世界遺産委の委員国の一つとして、佐渡金山の登録の可否を審査する見込みだが、「韓国は自国の国益ばかりではなく、国際社会の責任ある委員国として責務を果たす」と述べるにとどめた。

尹大使は、拉致被害者の横田めぐみさん＝失踪当時(13)＝の母早紀江さん(87)や佐渡市の曽我ひとみさん(64)とこれまでに面会。「幸せな家族に起きたことで怒りを覚える。被害者や家族の苦痛を思うと、一日も早く全員が家族の元に戻れるよう願っている」と述べた。

その上で「韓国にも拉致問題がある。もっと韓国の国民にも関心をもってもらいたい」と指摘した。

1998年に新潟空港から韓国に出国した記録を最後に行方が分からない特定失踪者の中村三奈子さん＝同(18)＝について「25年たっているが、希望を捨てずに、韓国政府としてもしっかりと協力する必要がある」と話した。

来県した韓国・尹駐日大使が新潟日報社の単独インタビューに応じた。佐渡金山について、戦時中の朝鮮人労働者に関する詳細な説明があれば「韓国政府としては登録に反対しないと思う」と述べた（2023年12月2日付）

輝ける島へ

佐渡島の金山

世界遺産登録へ正念場

イコモス 月末までに「中間報告」

世界文化遺産登録を目指す「佐渡《さど》島の金山」は、悲願達成に向けた正念場の年を迎えた。国連教育科学文化機関（ユネスコ）の諮問機関で、昨年から佐渡を調査してきた国際記念物遺跡会議（イコモス）が、春にも登録可否を勧告。7月にインドで開かれる世界遺産委員会で、最終審査される見通しだ。識者は「イコモスから高評価を得て世界遺産委の審議に進めば、登録の可能性は高い」とみる。

今年最初のポイントとなるのは、イコモスが1月末までに日本政府に対して行う「中間報告」だ。推薦候補の評価に関する状況や課題を示すとともに、推薦国に補足情報を求めることもある。報告内容は例年公表されていない。

過去には、中間報告の影響で日本政府が推薦を取り下げた例もあった。２０１６年に中間報告を受けた「長崎の教会群とキリスト教関連遺産」（長崎、熊本県）のケースでは、イコモスが推薦内容のうち教会などについての資産の説明が不十分だと指摘した。

これを受け、日本政府は推薦取り下げを閣議了解。内容を見直し、名称も「長崎と天草地方の潜伏キリシタン関連遺産」と改めて再推薦し、18年にようやく登録を果たした。

佐渡が長崎のような状況に陥る可能性はあるのだろうか。

「世界遺産検定」の主催団体として知られる世界遺産アカデミーの宮澤光主任研究員(49)は「長崎のケースでは『潜伏キリシタン』を遺産の価値としていたにもかかわらず、物証となる主な教会はキリスト教解禁よりも後の建物だった」と指摘。推薦書の価値説明と、物証の不動産の時代に食い違いがあったことが主な原因と分析する。

「佐渡は、価値説明に合わせて時代と遺跡を絞っている。細かい追加資料の提出を求められるかもしれないが、長崎の時のような根本的な問題の指摘はないのではないか」とみている。

関連記事 2面＝「情報照会」で登録も

「佐渡島の金山」世界遺産登録までの流れ

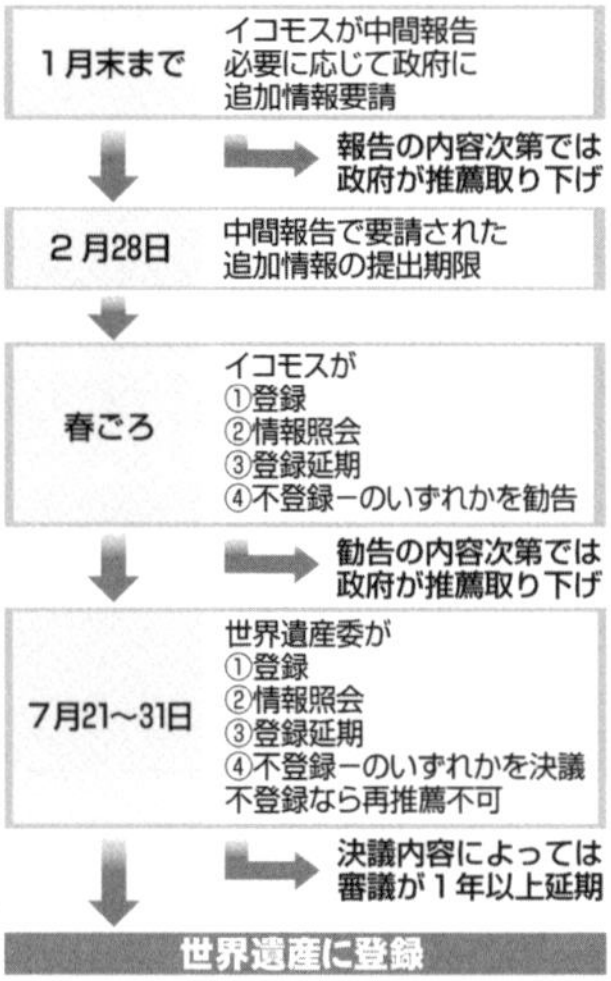

1月末まで
イコモスが中間報告
必要に応じて政府に追加情報要請
報告の内容次第では政府が推薦取り下げ
2月28日
中間報告で要請された追加情報の提出期限
春ごろ
イコモスが
①登録
②情報照会
③登録延期
④不登録ーのいずれかを勧告
勧告の内容次第では政府が推薦取り下げ
7月21〜31日
世界遺産委が
①登録
②情報照会
③登録延期
④不登録ーのいずれかを決議
不登録なら再推薦不可
決議内容によっては審議が1年以上延期
世界遺産に登録

※世界遺産条約の作業指針を基に作成

世界遺産登録までの流れをまとめた２０２４年１月21日の紙面

【パリ＝遠藤寛幸本社記者】フランス・パリを訪問中の花角英世知事と佐渡市の渡辺竜五市長は26日、2024年の世界文化遺産登録を目指す「佐渡《さど》島の金山」を巡り、登録の可否を判断する世界遺産委員会の委員国の大使らを招いたセミナーに参加した。花角知事は佐渡金山について「世界に類のない鉱山遺跡」と力説し、世界遺産にふさわしい価値があると強調した。

「類のない鉱山遺跡」「最高品質の金生産」

パリ訪問 花角知事

世界遺産委員会の委員国を招いたセミナーで、佐渡金山について説明する花角英世知事＝26日、パリ

世界遺産委大使前に 佐渡島の金山ＰＲ

輝ける島へ

パリ日本文化会館で開かれたセミナーは、国連教育科学文化機関（ユネスコ）日本政府代表部が主催。日本を含む21カ国で構成する世界遺産委で今年の議長国を務めるインドのほか、ギリシャやケニアなど17カ国から63人が参加した。

花角知事は講演で「佐渡金山の普遍的価値は、伝統的な手工業（手作業）により質、量ともに世界最大級で最高品質の金を生産していたことにある」と説明。17世紀前半には世界全体の約10％の金を産出し、純度も99・54％と非常に高かったことを紹介した。渡辺市長は地元での取り組み状況について語った。

その後は非公開で行われた。終了後、花角知事は取材に「少しずつ佐渡金山の価値について理解が広がっている。引き続き関係国の理解を広げる場面をつくっていきたい」と話した。渡辺市長は「参加者から『良かった』との声もいただけた。理解は進んでいる」と手応えを語った。

佐渡金山は、7月21～31日にインド・ニューデリーで開かれる世界遺産委で登録の可否が審議される見込み。これに先立ち、ユネスコ諮問機関の国際記念物遺跡会議（イコモス）が6月初めまでに、遺産の文化的価値を踏まえて登録すべきかどうかを勧告する。

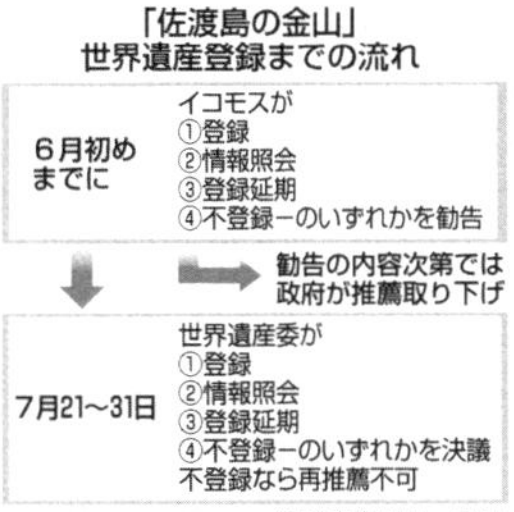
決議内容によっては審議が１年以上延期
世界遺産に登録

※世界遺産条約の作業指針を基に作成

フランス・パリを訪問した花角英世知事と佐渡市の渡辺竜五市長が、2024年の世界文化遺産登録を目指す「佐渡島の金山」を巡り、登録の可否を判断する世界遺産委員会の委員国の大使らを招いたセミナーに参加した（2024年３月28日付）

識者インタビュー

佐渡金銀山絵巻 欧州鉱山史の解明に一役

仏・アルザス日本研究センター副学長
レギーネ・マティアス　教授

幕末から明治時代にかけて、佐渡金銀山絵巻は海を渡ってはるかかなたの欧米へ運ばれた。現在、絵巻は国内外に約１５０点が確認されており、そのうち20点ほどが欧米で保管されている。なぜ、絵巻は外国の人々を引き付けたのか。アルザス日本研究センター（フランス）の副学長で、佐渡金銀山絵巻に詳しいドイツ出身のレギーネ・マティアス教授に、欧州の人々にとっての絵巻がどのような価値を持つか聞いた。

―絵巻を欧州に運んだのはどんな人たちですか。

「明治政府が雇った欧州の鉱山技師や、古美術品のコレクターたちでした。ドイツ人医師のシーボルトも、少なくとも2点の絵巻を持ち帰っています。鉱山を日本の主要産業とみて、非常に関心を持っていたようです」

「東アジアには鉱山の絵はあまりありません。中国に簡単に描かれた白黒の絵がありますが、日本の絵巻のような非常に詳しい絵はほとんどありません。研究者にとって、絵巻は東アジアの鉱山を知るための〝窓口〟になっています。また、絵巻のように、採掘から鋳造までの全ての工程を見せるものは、欧州にもありません。絵巻はとてもユニークです」

―絵巻はどのように欧州の研究で役立ちましたか。

「幕末・明治時代、欧州の研究者は絵巻を見て『これは古代ヨーロッパでも使われていた鉱山技術ではないか』と興味を持ちました。欧州には、古代の鉱山技術について描かれた絵はほとんどありません。日本の絵巻は、欧州の古代の技術を解き明かす非常に大切な手がかりになりました」

「技術的な絵だけではなく、町の日常生活も描かれているので、見ていて楽しいですね。店の人や、遊んでいる子ども、物ほしそうな様子の犬なども描かれています。鉱山にはあまり関係がないことですが、とても日本的だと感じます」

―佐渡金山に世界遺産としての価値はあると思いますか。

「あります。欧州で一番よく知られた日本の金銀山ですし、江戸時代の遺跡も価値があると思います。私は、佐渡金銀山の研究を通じ、新潟の多くの人と交流できてとても良かった。できるだけ早く世界遺産になるよう祈っています。何か私にできることがあれば、喜んで手伝いたいですね」

〈レギーネ・マティアス〉１９５０年、ドイツ生まれ。ウィーン大で日本炭鉱労働に関する論文で文学博士号を取得。ルール大学ボーフム東アジア学部日本史学科教授などを経て現職。

記者コラム

本来の価値に焦点当てよ

「永田町の金山?」。第1部のタイトルを見て、疑問に思った人も多いのではないだろうか。金山は新潟県の佐渡島に存在しており、東京にあるはずはない。だが、世界文化遺産という枠組みで取材を進めると、金山は東京、それも政治の中心地である永田町に存在していると実感した。

ただ、取材は決して平坦《へいたん》な道のりではなかった。世界遺産の国内推薦に関わった文部科学、外務両省の政務三役、文化庁を含めた官僚らは取材に応じないか、対応してくれても表向きの答えがほとんど。推薦には日韓関係という政治課題が絡まっており、彼らの態度から逆に、問題の根深さを思い知らされた。

それでも、私たちの思いをくんで答えてくれた、ある政府関係者の言葉は一つ一つが重く、今後の取材にヒントも与えてくれた。中でも大きかったのは、長崎市の端島（通称・軍艦島）を含む「明治日本の産業革命遺産」が世界遺産登録に至るまで、戦時徴用を巡って日韓両国が大立ち回りを演じたと説明してくれたことだ。「佐渡金山にとって不幸だったのは、明治日本が先に来てしまったということ。佐渡金山が初めてという話だったら、ここまでの話にはならなかった」「世界遺産は国際政治がどうしても関係してくる」との発言は取材班にとって、貴重な羅針盤となった。

「明治日本」の過程を知るため、九州各地で取材を重ねた。誰も触れない「安倍（晋三元首相）案件」という生々しい証言、所管の文化庁ではなく内閣官房が主導していく推薦の過程。世界遺産が政治で決まっていく様が再認識できた。佐渡金山もまた、遺産が本来持っている価値とはかけ離れた、政治という舞台で翻弄《ほんろう》され続けた。その一端がシリーズの中で明らかにできたと思っている。

佐渡金山を巡っては、国際記念物遺跡会議（イコモス）が昨夏、現地を調査。さまざまな懸念を乗り越え、世界遺産登録まであと一歩のところまでようやくこぎ着けた。最後こそは本来の価値をしっかりと見つめてほしい、と願うばかりだ。

「輝ける島へ」取材班・鈴木孝実

〈おことわり〉本書は2022年12月～2023年６月に新潟日報朝刊に掲載した、長期連載「輝ける島へ　佐渡・世界遺産の行方」を再編集し、まとめたものです。年齢、所属、肩書は原則として掲載当時のものです。本書発行日と合わせて一部加筆・修正しています。敬称略。

【連載一覧】

（前編収録）

・ドキュメント 永田町の金山　2022年12月８～14日

・掘り出した価値　2023年１月１～７日

・絡み合う四半世紀 軍艦島と佐渡　2023年２月14～20日

（後編収録）

・史観のはざまで　2023年３月20～26日

・「影」の先に　2023年４月28日～５月３日

・明日への針路　2023年６月10～17日

〈表紙写真〉

金山のシンボル「道遊の割戸」。人力で掘られ山が割れたような形になっており、江戸時代の絵図にも描かれている（佐渡市相川地区・2021年12月撮影）

新潟日報

ブックレット

コウキシンくん

新潟日報ブックレットのマスコット。

みんなの心の中にある知的好奇心を栄養源に、ムクムクと膨らみ続けています。

新潟日報「輝ける島へ」取材班

【デスク】榎本祐介

【キャップ】田中伸、鈴木孝実

【ライター】榎本文、計良草太、遠藤寛幸、中山朝子

【写真】立川悠平、富山翼

新潟日報ブックレット③

輝ける島へ　佐渡・世界遺産の行方【前編】

発行日／2024年5月15日　第1刷発行

著　者／新潟日報「輝ける島へ」取材班

発行人／佐藤明

編　集／新潟日報社 読者局 出版企画部

発　行／株式会社 新潟日報社

〒950-8535　新潟市中央区万代3丁目1番1号

TEL 025(385)7111(代表)　FAX 025(385)7446

発　売／株式会社 新潟日報メディアネット（メディアビジネス部出版グループ）

〒950-1125 新潟市西区流通3丁目1番1号

TEL 025(383)8020　FAX 025(383)8028

印刷・製本／株式会社DI Palette　　表紙デザイン／株式会社ワーク・ワンダース

ISBN978-4-86132-855-8

「新潟日報ブックレット」創刊のことば

新潟日報は太平洋戦争さなかの1942（昭和17）年、県内3紙が合併して誕生しました。創刊以来、地域に根差した報道機関としての役割を果たすべく歩んできました。

新潟日報のジャーナリズムの使命は平和を守り、理不尽な暴力や抑圧に屈しないこと、そして県民の命と財産を守ることです。

このたび、日々の新聞を通してお届けしているニュースの中から、特に記録性のある企画をまとめた小冊子シリーズとして「新潟日報ブックレット」を創刊します。

今日、飛躍的に進歩した情報通信技術により、私たちの世界は小さく、他者との距離は近くなったようにも思えます。一方で、真偽が定かではない情報があふれ、インターネットで拡散され、新たな偏見や差別、誹謗中傷といった深刻な人権侵害を生んでいます。私たち一人一人が信頼できる情報を選び取り、分析し、判断する力を持つことの重要性は、これまでになく高まっています。

いま、世界で起きているさまざまな問題への対応について「ひとつの正しい解答」というものはありません。取捨選択した情報を基に自分の意見を持ち、それを正確な言葉にして他者へ伝え、異なる意見を持つ他者との誠実な話し合いを、ひとつずつ積み重ねていくほかはありません。私たちは、着実な取材に基づく「ひとつの視点」をブックレットの形で差し出し、公正で健全な議論の呼び水にしたいと考えます。

この小冊子シリーズが、ふるさとの未来を考えるためのきっかけとなり、さまざまな場所で活用されることを願っています。

2023年6月

新潟日報社 代表取締役社長　佐藤　明